‘Exterminate
All the Brutes’

Sven Lindqvist

「すべての野蛮人を根絶やしにせよ」

『闇の奥』とヨーロッパの大量虐殺

スヴェン・リンドクヴィスト　ヘレンハルメ美穂 訳

青土社

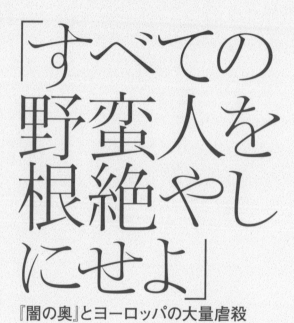

「すべての野蛮人を根絶やしにせよ」目次

『闇の奥』とともに旅をした
オーロフ・ラーゲルクランツと
『ヒトラーの少年時代』でアドルフを演じた
エティエンヌ・グラーセルに

ほんとうはユダヤ人と黒人《ニグロ》をみんな根絶やしにするべきなのだ。——われわれは勝利する。ほかの人種は死に絶えて消える。

——白人アーリア抵抗〔スウェーデンのネオナチ組織〕、スウェーデン　一九九一年

あなたがたは、われわれを根絶やしにできるかもしれない。だが、星の子はけっして犬にはならない。

——ソマブラノ（マタベレ人の指導者）、ローデシア　一八九六年

「すべての野蛮人を根絶やしにせよ」――『闇の奥』とヨーロッパの大量虐殺

I

インサラーへ

1

あなたはもう、じゅうぶん知っている。私も知っている。欠けているのは知識ではない。私たちに欠けているのは、知っていることを理解し、結論を導き出す勇気だ。

2

〝砂漠の中の砂漠〟タデマイト高原は、サハラ砂漠のどこよりも死んだ地域だ。植物の気配すらない。すべての生命が消えている。地表には、熱によって岩石から搾り出された、黒々と輝く砂漠ワニスがあるだけだ。

エルゴレア〔エル・メニアの旧称〕とインサラーを結ぶバスは夜行しかなく、所要時間は運がよければ七時間。ごつい軍用ブーツを履いた兵士たち、ざっと二十人ほどと競いあって座席を確保する。相手はシディ・ベル・アッベスにあるアルジェリア軍の白兵戦訓練所で、行列術を身につけてきた強者どもだ。時代遅れのハードディスクに詰まったヨーロッパの思想の核を小脇に抱えている人間は、どうにも分が悪い。

ティミムンへの分かれ道のそばで、壁に開いた穴のような狭苦しい店から、温かいじゃがいものスープとパンが供される。それを過ぎると、車に踏まれつづけてぼろぼろになったアスファルトは途切れ、バスは道のない砂漠を走りだした。

道のりはロデオそのものだ。バスは乗られ慣れていない若馬のように振る舞っている。窓ガラスはガタガタ鳴り、スプリングが悲鳴をあげ、バスは上下左右に揺れながら跳びはねるように前進し、その衝撃のひとつひとつが、私のひざの上に置いてあるハードディスクにも、積み上がって揺れる積み木のような背骨の椎間板《ディスク》にも伝わってくる。もう座っていられなくなり、私は天井の手すりをつかんでぶら下がったり、中腰になって立ったりしている。

ずっと恐れてきたことだ。ずっと求めてきたことだ。

月明かりの夜はすばらしい。何時間ものあいだ、白い砂漠が延々とそばを流れていく。岩と砂、岩と砂利、砂利と砂――すべてが雪のように輝いている。延々と。なにも起こらないまま時が過ぎるが、不意に暗闇の中でかがり火が燃えあがる。乗客のひとりへの合図だ。バスを止めろ、降りて、砂漠を歩きだせ、という合図。

彼の足音が砂に消えていく。彼自身が消えていく。私たちも白い暗闇の中へ消えていく。

3

ヨーロッパの思想の核？　そう、ヨーロッパの思想を要約する一文があるのだ。ほんの数語から成る、短い、シンプルな一文。完新世《ホロセン》[1]の始まりからホロコーストに至るまで、ヨーロッパという地域の、人類の、この生物圏全体の歴史を要約する一文。

ヒューマニズムや民主主義や福祉をこの地上にもたらしたヨーロッパには、いっさい触れていない。私たちが誇らしく思っていること、誇らしく思って当然なことについても、いっさい触れていない。ただ、私たちができることなら忘れたいと思っている真実、それだけを語っている。

私は何年ものあいだ、この一文を研究してきた。膨大な量の資料を集めたが、いつになってもじっくり目を通す時間がとれずにいる。この砂漠のどこか、だれからも連絡の来ない、好きなだけ時間のとれる場所に消えてしまいたい。そうして、私がすでに知っていることの意味を理解するまで、消えたまま戻らないつもりだ。

4

私はインサラーでバスを降りた。

月はもう輝いていない。バスが光を携えて消える。私の周囲は凝縮された暗闇だ。

スコットランド人探検家、アレクサンダー・ゴードン・レインが強盗に襲われたのは、インサラー付近でのことだった。頭頂部を五か所、左のこめかみあたりを三か所刺された。左の頬骨に突き刺さった武器で、あごの骨が砕かれ、耳が裂けた。後頭部への恐ろしい一撃で気管に傷がつき、腰に食いこんだ弾が背骨をかすった。右腕と右手を三か所刺され、指を三本折られ、手首の骨は砕かれ、等々、等々……[2]

暗闇の中、はるか遠いところに、炎がちらりと見える。私は重いワープロと、さらに重いトランクを引きずって、光の方向へ歩きだした。

風に吹かれてできた赤い砂州が道路を横断している。斜面ではさらさらの砂が集まって砂溜まりができている。私は十歩歩き、休み、また十歩歩く。光は近づいてこない。

レインが襲われたのは一八二五年一月だ。が、恐怖は時代を問わない。十七世紀を生きたトマス・ホッブズも、私と同じように孤独を、夜を、死を恐れていた。彼は友人のオーブリーに言った。

「人間のなかにはひどく残酷な性質の者がいるから、小鳥を殺すのを楽しむ以上に、人間を殺すのを楽しむ輩もあろう」[3]

炎との距離が変わっていない気がする。もっと移動しやすくなるよう、ハードディスクとトランクをひとまず置いていったほうがいいのだろうか？　いや、やめておこう。私は砂埃の中に腰を下ろし、夜明けを待つことにした。

そうして地面に近づいてみると、ふと微風が届き、燃える木のにおいが漂った。

砂漠でなにかが香るのはめずらしいことだから、ふつうよりも濃密に感じられるのだろうか？　砂漠では木の密度がふつうよりも濃くて、燃えたときの香りが強いのか？　いずれにせよ確かなのは、目にははるか遠いように見える炎が、私の鼻にはぐんと近づいてきたことだ。

私は立ち上がり、懸命に進んでいく。

ついに炎を囲んでしゃがんでいる男たちのもとにたどり着き、私は強烈な達成感を味わった。

挨拶をする。質問をする。そして、私が完全にまちがった道を歩いていることを知る。引き返すしかないよ、と彼らは言う。

私は自分の足跡をたどって、さっきバスを降りた停留所に戻った。

そして、同じ暗闇の中を、さらに南へ進んだ。

5

「つねに、恐怖は残る」とコンラッドは言う。「人は自分のうちにあるすべてのものを——愛や憎悪や信念や、疑惑でさえも——壊すかもしれないが、生命にしがみついているかぎり、恐怖を壊すことはできない」[4]

ホッブズも同意したことだろう。ふたりは世紀を超えて握手をする。

旅をするのがこんなに怖いのに、どうして私はこんなに旅をしているのだろう。アルトゥル・ルンドクヴィスト〔一九〇六〜九一　作家・詩人。多数の旅行記を著した〕も、同じように怖がっていたのに、なぜ旅をしたのだろう。

ひょっとして、私たちは恐怖の中に、生きているという研ぎ澄まされた感覚、もっと強烈な存在の形を探しているのだろうか。私は怖い、ゆえに私は存在する。怖いと思えば思うほど、存在は強まる、のか？

6

インサラーにはホテルがひとつしかない。巨大で高価な国営の〈ホテル・ティディケルト〉。だが、ついに見つけたそのホテルには、暖房装置がとうの昔に壊れていて凍えそうに寒い、暗くて狭い部屋しかなかった。

なにもかもが、いかにもサハラ砂漠のホテルらしい。消毒薬の強烈なにおい、油を差していない扉の蝶番の悲鳴、破れかけたカーテン。四本脚のうち一本が短すぎてガタガタ揺れるテーブルも、その天板に、枕に、洗面台にかかっている砂のベールも、前に同じものを見た気がしてならない。全開にするとようやくゆっくりと水を滴らせるが、歯磨き用のグラス半分を満たしたところで疲れきり、ため息をついて止まってしまう水道の蛇口にも、見覚えがある。軍隊じみた厳格さできっちり整えられ、毛布の下に足を入れる余地すらない――少なくとも脚から直角に生えている足では無理だ――ベッドにも、見覚えがある。毛布は半ばベッドの下に押しこまれていて、臍までしか届かない。客がシーツを乱すのをなんとしても防ごうとする試みだ。

まあ、旅をするのは避けられないこともある。だが、なぜよりによって、ここに？

7

重い棍棒の音。喉頭に振り下ろされている。卵の殻が砕けるような、ぐしゃりという音。殴られた側が必死に息をしようとして、喉を鳴らしている。

すっかり朝を過ぎた午前、私はようやく目を覚ました。上着を身につけたままだった。私がバスから運んできた砂で、ベッドが赤く染まっている。棍棒はいまだ振り下ろされ、そのたびに喉頭がひとつ砕ける。最後の一撃が、私の喉頭を砕くだろう。

8

ホテルは流砂に包まれ、がらんとした平地のがらんとした道のそばにぽつんと建っている。私は深々と積もった砂をかき分けて出かけていく。叩きつける日差しには容赦がない。目が見えなくなるという意味では光も暗闇も同じだ。空気が顔に当たって薄氷のように砕ける。

郵便局までは徒歩で三十分。そこから銀行や市場までも、同じぐらい距離がある。旧市街は縮こまるようにして建っていて、日差しや砂嵐が入りにくいが、新市街の建物はまばらに広がっている。近代的な都市計画を通じて、サハラ砂漠の荒涼たる印象を極限まで強めようとしているようだ。

街の中心部では、赤茶けた土壁に白い柱や門扉、白い銃眼や冠石がアクセントになっている。〝ブレード・エッ・スーダン（黒人の地）〟からとって、スーダン（黒）様式と呼ばれる建築様式だ。

とはいえ、これは一九〇〇年パリ万博のときにフランス人がつくりあげた架空の様式で、それがそのあと、ここサハラ砂漠に移植された。新市街のほうは世界共通、コンクリートの灰色だ。

風は東から吹いている。私はひりつく向かい風を顔に受けながらホテルに戻った。泊まっているのは主にトラック運転手と外国人、大半がドイツ人で、全員が〝上り〟あるいは〝下り〟の途中、まるで階段のようだ。全員が、道路やガソリン、装備について、互いに質問しあっている。さっさとここを去って先へ進むことしか考えていない。

私は地図をテープで壁に貼り、距離をじっと眺める。西にあるもっとも近いオアシス、レッガーヌまでは、砂漠の道を二百九十キロメートル。北にあるもっとも近いオアシス、私がここに来る前にいたエルゴレアまでは、砂漠の道を四百キロメートル。東にあるもっとも近いオアシス、ボルジ・オマル・ドリスまでは、直線距離で五百キロメートル。南にあるもっとも近いオアシス、タマンラセットまでは、砂漠の道を六百六十キロメートル。もっとも近い海、地中海までは、直線距離で一千キロメートル。もっとも近い川、ニジェール川までは、直線距離で千三百キロメートル。西の海までは千五百キロメートル。東の海はあまりに遠すぎて、距離を測っても意味がない。

私を囲む距離をこうして眺め、いまの自分はここ、砂漠の基準点にいるのだと実感するたびに、歓喜の電流が私の身体を貫く。ここにとどまっているのはそのためだ。

この機械さえうまく動いてくれたらいいんだが！　バスの揺れによる衝撃や砂埃に耐えられたのか否か、それが問題だ。フロッピーディスクは絵葉書ほどの大きさしかない。私は密封した百枚近くのディスクを持っている。本一冊程度の重さの中に、書庫がまるごと入っているようなものだ。

これで私は、絶滅思想の歴史にどこからでも、いつでも入りこめる。古生物学の夜明け――自然界の秩序から生物種がひとつでも消えるなどありえないことだ、とトーマス・ジェファーソンが考えていた時代から、生物種のうち九十九・九九パーセントはすでに絶滅していて、その大半はほんの数度の大規模な、ほぼあらゆる生命が死に絶えるほどの大量絶滅イベントによって消滅した、という現代の理解まで。[5]

フロッピーディスクの重さは五グラム。ディスクドライブに差しこみ、スイッチを入れる。画面がぱっと燃えあがり、長らく研究してきた一文が、部屋の暗闇の中で私に向かって光を放つ。

〝ヨーロッパ〟という名称は、「闇」を意味するセム語系の言葉〔ereb〕から来ているという。[6] 画面で光っているこの一文は、真にヨーロッパ的だ。思想そのものはずっと前から姿を見せていたが、一八九八年から一八九九年にかけて、フランス語でものを考えることが多かったが執筆は英語でおこなっていたポーランド人作家、ジョゼフ・コンラッドが、ついにその思想を言葉にした。

『闇の奥』の主要登場人物のひとり、クルツは、アフリカの蛮人を文明化する白人の使命について小論文を書き、その末尾に追記を書きつけた。高邁な美辞麗句の真の意味が、そこに要約されていた。

それが、いま、画面から私に向かって光を放っている一文だ。

〝Exterminate all the brutes〟

10

ラテン語のexterminoという言葉は、境界線（terminus）の向こうに追いやること、追放すること、遠ざけることを意味する。そこから英語のexterminateという言葉が生まれ、死との境界線の向こうへ追いやる、生命から遠ざける、という意味になった。

この言葉とぴったり一致するスウェーデン語はない。われわれはutrota（根絶する）という言葉を使うことになるが、これはもとをただせばまったくべつの語で、対応する英語はextirpateだ。これはラテン語のstirps、つまり根、幹、家系、から来ている。

英語でもスウェーデン語でも、この動詞そのものに、一個体を相手におこなわれることはめったになく、雑草のシバムギであれ、ネズミであれ、人間の民族であれ、ひとつの集団がまるごと対象となる、というニュアンスがすでに含まれている。

そのあとの〝all the brutes〟という部分は、かつてのスウェーデン語への翻訳では〝alla odjuren〟（野獣どもをみな）と訳されていた。たしかにbruteは野獣と訳すこともできる。だが〝野獣〟という言葉が意味するのはあくまでも動物であり、動物のもっとも動物らしい部分を強調する語だ。ヨーロッパ人はアフリカ人とはじめて接触したころから彼らを獣と呼び、〝無礼で獣じみている〟〝粗暴な野獣に似ている〟〝彼らが狩る獣よりもさらに獣のよう〟などと言ってきた。[7]

スウェーデン語の新訳では、brute が侮蔑的に使われる言葉でもあることを考慮し、〝hela byket〟（ろくでなしどももみんなまとめて）としている。これでは語気がずいぶん和らいでしまう。私は原文の凶暴な威力が消えないよう、こう訳したい。「すべての野蛮人を根絶やしにせよ」と。

11

私は何年か前に、コンラッドの「すべての野蛮人を根絶やしにせよ」の源を見つけた、と思ったことがある。著名な自由主義哲学者、ハーバート・スペンサーだ。

スペンサーは著書『社会静学』（一八五一年）で、帝国主義は劣等人種を地球上から一掃することで文明に貢献している、と述べた。「全き幸福という大いなる計画を成し遂げようとする力は、副次的な苦しみを考慮に入れず、むしろその障壁となる一部の人類を根絶する（exterminates）……人間であれ野獣（brute）であれ、障壁は排除されなければならない」[8]

ここには、クルツが繰り広げた文明開化のレトリックがあるし、ふたつのキーワード、exterminate と brute も揃っている。しかも根絶の対象として、人間があからさまに動物と同列のものとして語られている。

これはちょっとした学術的発見だぞ、と私は思った。いつの日か脚注として文学史に載るぐらいの価値はあるだろう。クルツの一文はスペンサーの絶滅妄想によって〝説明できる〟。その妄想はスペンサー個人の奇癖であって、ひょっとすると子どものころにきょうだいが全員死んだことに起因するのかもしれない、などと私は考えた。それは波風の立たない、安心感のある結論だった。

12

　そこでもうわかったと思って調査をやめていたら、私はそのまま誤った結論に達していただろう。だが、私は調査を続けた。

　ほどなく判明したのは、こういう考えを持っていたのがスペンサーひとりではなかったということだ。当時はわりにふつうの考えだったし、十九世紀後半にはこれがさらに広く流布して、ドイツの哲学者エドゥアルト・フォン・ハルトマンは『無意識の哲学』第二巻にこんなことを書いた。コンラッドはこの英訳（一八八四年）を読んでいる。

「犬の尻尾を切断するとき、一インチずつ徐々に切っても犬のためにはならない。それと同様、蛮人が絶滅の縁にいるときに、その断末魔の苦しみを人工的に引き伸ばすのも、やはり人道的とはいえない……」[9]

　真の博愛主義者としては、蛮人の絶滅が迅速に進むことを願い、そのために尽力するしかない、とハルトマンは続ける。

　ハルトマンがここで述べていることは当時、ごく平凡な主張だったと言っていいだろう。彼も、スペンサーも、とりたてて非人道的だったわけではない。当時のヨーロッパが非人道的だったのだ。「すべての野蛮人を根絶やしにせよ」という一文は、ヒューマニズムの核心からさほど離れていない。ブーヘンヴァルト強制収容所がヴァイマルのゲーテ・ハウスからさほど離れていないのと同じだ。このことはほぼ完全に意識の奥底へしまいこまれていて、ドイツ人ですらろくに認識していない——その身に負わされたホロコースト思想の咎は、ほんとうはヨーロッパ全体に共通するものであったというのに。

13

ドイツでは現在、いまなお消えない過去についての論争が進行中で、その残響が、砂漠で出会うドイツ人たちを通じて私の耳にもときおり届く。いわゆる〝歴史家論争（Historikerstreit）〟は、次の問いをテーマとしている——ナチスによるユダヤ人虐殺は、ほかに類を見ない特殊なできごとだったのか、否か？

エルンスト・ノルテは論文で、「第三帝国のいわゆるユダヤ人虐殺」について「ひとつの反応、歪んだコピーであり、源流となるオリジナルな行動ではない」と述べた。オリジナルはむしろ、一九二〇年代のソ連での富農《クラーク》撲滅運動や、一九三〇年代のスターリンによる粛清である、とノルテは考えた。ヒトラーはそれをコピーしただけなのだ、と。

これにハーバーマスが反駁し、論争が始まった。

富農撲滅運動がユダヤ人の大量虐殺を引き起こしたとは、もうだれも考えていないようだし、歴史的なできごとはどれもほかに類を見ない唯一の事象であって、互いのコピーなどではない、と多くの人が主張している。とはいえ、比較することは可能だ。そうすると、ユダヤ人虐殺とほかの大量虐殺とのあいだには、類似点も相違点も見えてくる。二十世紀初頭のトルコによるアルメニア人虐殺から、ポル・ポトの蛮行まで、さまざまな例が比較対象として、ちらりとではあるが言及されてきた。

だが、ヒトラーの少年時代に起きたドイツ領南西アフリカ〔現在のナミビア〕でのヘレロ人虐殺には、だれひとり言及していない。フランスやイギリス、米国による同様のジェノサイドにも、だれひとり言及していない。ヒトラーの少年時代、ヨーロッパ人が持っていた人間観の主な要素のひとつは、〝劣った人種〟は自然の法則によって絶滅を運命づけられている、という信念だった。すぐれた人種はその絶滅を推し進めるべきだ、それこそが真の慈悲である、と考えられていた。だが、現代のだれひとりとして、そのことを指摘していない。

論争に参加しているドイツ人の歴史家たちは、みな同じ方向を見ているようだ。だれも西を見ていない。だが、ヒトラーは西を見ていた。彼が〝生存圏〟を東に求めたときに思い描いていたのは、大英帝国に相当する帝国をヨーロッパ大陸に築くことだった。彼の模範となったのは、イギリス人など西欧の民族だった。ユダヤ人虐殺はその〝歪んだコピー〟なのだ。[10]

14

文明の前哨地点
〝Exterminating all the niggers〟——黒人《ニガー》を根絶やしにする

一八九七年六月二十二日、ドイツで〝生存圏〟という概念が生まれたのと同じ年、イギリスの領土拡大政策が頂点に達した。[11]世界史上最大の帝国は、比類なき自惚れをもってこれを祝った。

イギリスに屈服させられたすべての民族や領土、つまり地上の四分の一近くの地域とその住人の代表者が、ヴィクトリア女王の即位六十周年を祝うため、ロンドンに集結したのだ。[12]

当時『コスモポリス』という雑誌があり、高い教育を受けたヨーロッパ全域の読者のため、ドイツ語、フランス語、英語の寄稿記事を原文のまま載せていた。

この教養あるヨーロッパ人読者に向けて、ヴィクトリア女王は古代ペルシアのダレイオス一世、アレクサンドロス大王、ローマ帝国の初代皇帝アウグストゥスと比較された。これら古代の皇帝たちの中に、ヴィクトリア女王ほどの領土拡張を成し遂げた君主はひとりもいなかった。

女王の帝国は、面積が三百五十万平方マイル増え、臣民は一億五千万人増えていた。それまで地上でもっとも人口が多いとされていた国、人口四億人の中国にも追いつき、追い越した形となった。

ヨーロッパのほかの大国は、大英帝国の軍事力を理解しきれていないのかもしれない、と同誌は指摘した。イギリス人の闘争心はほかのどの民族と比べても強く、士気も高い。また海軍に関して言うなら、大英帝国はほかよりすぐれているというだけにとどまらない。世界中の海を完全に掌握している。

イギリス人は自身の成功に酔うことがない。たしかにこれは世界史上類をみない成果かもしれないが、達成できたのは全能の神が特別に慈悲をかけてくださったからにほかならない、と謙虚に理解している。

そしてもちろん、女王陛下のお力の賜物でもある。女王陛下の徳性の力を、科学的な方法で精密に測ることはできないだろうが、多大な影響力があることは明らかだ。

特派員はこんなふうに伝えている。「この日の祝賀式典は史上最高の勝利のしるしだ。国力はかつてないほど高く、商業は栄え、未開の地の開拓は進み、蛮性は抑えこまれ、さらなる平和、さらなる自由が実現されている。これは大言壮語ではなく、単純な統計である……」

「英国は、自身の強大な力を、植民政策の成功を、活力ある団結を、世界各地にまたがる領土を、決意をもって冷静に見つめ、その栄光に浸った」

「歓声の意味するところはこれだ――われわれがこれほど強大であったことはかつてない。今後も弱くなるつもりなどいっさいないと、全世界に知らしめてやろう！」

これが一八九七年のようすだった。同誌にドイツ語やフランス語で寄稿した人々も、賞賛の列に加わった。みなが同じ方向を向いていた。だからこそ、記念号の冒頭を飾った物語はきわめて衝撃的だ。

15

それは、ヨーロッパ人ふたり、カイエールとカルリエの物語だ。情けを知らない会社の経営者によって、大きな川のそばの小さな交易所に放りこまれた。

ふたりの読み物である黄ばんだ新聞には、いかにも誇らしげに〝わが植民地拡張策〟を称揚する記事が載っていた。『コスモポリス』誌の記念号と同じように、植民地は文明開化のための神聖な事業であるとし、地上の〝暗い土地〟に光と信仰と商業をもたらす者として、入植者たちを賞賛する記事だった。

カイエールとカルリエも、はじめはこのような美辞麗句を信じていた。だが徐々に、言葉はただの〝音声〟にすぎないと気づきはじめる。その音声をつくりだした社会の外に出てしまえば、なんの意味もなくなるのだ。街角に警察官が立っているかぎり、店で食料を買えるかぎり、世間の目というものがあるかぎり――そのかぎりにおいて、音声は道徳となる。良心は社会の存在を前提としている。

ほどなくふたりは奴隷の売買も大量虐殺も厭わなくなる。食料の備蓄が底をつくと、ふたりは角砂糖をめぐって喧嘩を始める。カイエールは相棒が拳銃で自分を狙っていると思いこみ、命の危険を感じて逃げだす。そこで突然カルリエと鉢合わせし、カイエールは自己防衛だと信じて発砲する

――が、そのあとになってようやく、自分がパニックになって丸腰の男を殺してしまったことに気づく。

だが、それがなんだというのだ――〝美徳〟とか〝罪〟とかいった概念は音声でしかない。毎日、何千という人間が死んでいく――カイエールは相棒の死体のそばに座ってそう考える――いや、何十万という数かもしれない、そんなことがだれにわかる？　ひとり増えたり減ったりしたところでさしたる意味はない。少なくとも、ものを考える生きものにとっては。

自分は考える生きものだ、とカイエールは考える。これまではほかの人類と同じように、くだらない戯言をたくさん信じてきた。だが、いまこうしてはじめて、真の意味で考えている。いまの自分は、知っている。そうして、知っていることをもとに結論を下す。

朝になると、人のものではない金切り声のような音が反響し、靄を刺し貫く。ふたりが何か月も待っていた会社の蒸気船が、ついに戻ってきたのだ！

上陸した〝大文明会社〟の社長が目にしたのは、前任者の墓の十字架で首をくくったカイエールだった。彼は気をつけの姿勢でぶら下がっているように見えたが、死してなお、社長に向かって舌を突き出していた。

16

カイエールが黒く腫れあがった舌を突き出していたのは、社長に向かってだけではない。その舌は、物語を囲む形で報じられている祝賀行事に、勝利に酔いしれる帝国主義イデオロギーそのものにも向けられていた。

『コスモポリス』誌に掲載されたジョゼフ・コンラッドの短篇小説「文明の前哨地点」が、祝賀ムードへの批評として解釈されるのは、ごく自然な流れだった。が、これが書かれたのはその一年前である一八九六年七月、コンラッドが新婚旅行でフランスのブルターニュ地方に行っている最中のことだった。コンラッドの短篇の中でも初期の作品のひとつだ。

題材はコンラッド自身のコンゴ滞在から採られている。彼もまた〝会社〟の蒸気船に乗って川を上り、小さな交易所を目にし、ともに船に乗っていた人々の話を聞いた。そのうちのひとりが、まさにカイエールという名前だった。[13]

この題材を、コンラッドは六年間温めていた。なぜいまになってそれを作品にしたのだろう？コンゴに関する論争が本格的に始まるのはその六年後、一九〇三年のことだ。コンラッドは一八九六年七月、なにに駆りたてられて、新婚旅行も執筆中の小説も中断してコンゴ時代の物語を書いたのだろう？

17

私は宿を替えた。いまは市場への入口の真向かい、閉鎖されたホテル〈バジュダ〉で安い部屋を借り、ベン・ハシェム・ムレの経営するレストラン〈仲間たち〉で食事をしている。日暮れどき、私は大通りで、針葉を思わせる細い枝葉の木の下に座り、ミルクを入れたコーヒーを飲みつつ、行き交う人々を眺める。

百年前、インサラーの市場はサハラ砂漠でもっとも活気に満ちた集いの場だった。南から運ばれてきた奴隷が、北から運ばれてきた穀物やナツメヤシの実、工業製品と交換された。奴隷を閉じこめておく必要すらなかった——インサラーから逃げるということはすなわち、砂漠で確実に死ぬことを意味していたから。それでもなお逃亡を試みた数少ない奴隷たちは、たやすくつかまり、罰せられた。睾丸をつぶされ、アキレス腱を切られ、そのまま置き去りにされた。

かつては広く知られていたこの市場だが、いまは輸入ものの野菜がいくつか、到着した時点ですでにぐったりとしなびて並んでいる。計画経済の産物である繊維製品が、毒々しい色合いで金切り声をあげている。書店は、ドン・キホーテ、スタール夫人のドイツ論など、古典的な名著の第二巻を専門に扱っている。第一巻はどこかべつのオアシス都市に行ってしまった。おそらく分配政策のためだろう——人気の本の第一巻と第二巻を同じオアシス都市に揃えるなど不公平、というわけだ。

この市場で真に興味深い品はただひとつ、珪化木だけだ。何百万年、何千万年も前に死に絶え、砂に埋もれた巨大樹木の化石である。ケイ酸によって木が石に変わり、やがて砂がそこから流れ去ると、地上に姿を現し、市場に運ばれてくる。

握り拳よりも大きな珪化木を拾うことは禁じられている。だが、握り拳ひとつであっても、サハラの緑豊かな森を想起させる余地はじゅうぶんにある。私の森のかけらはここ、机の上に置いてある。生きた木に見まちがえそうな姿で、雨に濡れた葉の香り、豊かに葉を茂らせた樹冠のざわめきを、その内に擁している。

18

私が小さかったころ、父は仕事から帰ると、まず祖母のところに行って挨拶をしていた。母はこれが気に入らなかった。父がそうするたびに、母は自分がないがしろにされていると感じていた。

母と息子の愛のほうが、夫と妻を結びつける愛よりも強く、真の愛に近かったのではないか？　父は祖母の気に入りの息子だった。夫が死んだときにみごもっていた息子、シングルマザーとして産んだ息子だ。そして、父親に一度も会えなかった私の父は、すべての愛情を母親に向けた。

私の母は、そのことを感じとっていた。私も感じとっていた。私自身は、祖母のことが大好きだった。歳をとって無力になった祖母に、私は子どもとしての自分の無力感を重ねていた。

祖母は、祖母のにおいがした。祖母の部屋からも、身体からも、甘酸っぱい強烈なにおいが漂っていた。母はそのにおいを嫌っていて、とりわけ食卓ではいやがった。祖母はそのことを知っていた。だから台所で食事をした。

母はときおり祖母の部屋に急襲をかけ、においの源を始末しようとした。においは祖母自身から放たれているのだから、成功するわけがなかった。それでも母は毎回、〝おばあちゃんが溜めこんだ大量のごみ〟をかき集めて捨て、においを消そうとした。

この所業から祖母を守ることは父にもできなかった。祖母がにおうのは否定しようのない事実だ。におわないとは言えなかったし、におうということはつまり不潔なのだから清潔にしなければ、というのも否定できなかった。その理屈に反論の余地はなかったのだ。父にできたのは、祖母が勘弁してくれと泣く中で、母の行動をなるべく先延ばしにし、手加減させることだけだった。それ以外の仕事はすべて、私に一任された。

一家のお針子だった祖母は、ベッドの下にしまいこんだ包みの中に、ありとあらゆる大小の端切れを取りそろえていて、祖母はそれを〝余りもの〟と呼んでいた。私は幼かったころ、想像をかきたてる端切れの数々で遊ぶのが大好きだった。父の縞模様の寝間着からとった端切れで男の人形を、母のピンクの絹のブラウスからとった端切れで女の人形をつくった。祖母が手伝ってくれて、私たちは動物も人間もいっしょにつくった。

そんなわけで、〝その汚いの〟を処分すると言われた祖母がどれほど絶望したか、私には痛いほどよくわかった。掃除しようとする母の行動は、私の目に、血も涙もない暴力行為と映った。私自身がさらされている暴力と変わらないひどさだと思った。だから私はごみ箱をあさって祖母の所持品を見つけだし、危機が去るまで私の持ち物の中に隠しておいた。

このようにして救い出した中に、すっかり黄ばんだ古い本、『椰子の木の陰で（*I palmernas skugga*）』があった。

私が子どものころに暮らしていた家では、ソフトカバーの本が棚の左のほう、布装の本が中央、半革装の本が右、というふうに整理されていた。

そんなふうに本が並んでいたのは、外の人が訪ねてくる場合にそなえてのことだ。家族の一員でない人はみな〝外の人〟と呼ばれていた。戸口で立ち止まる外の人には、本棚のごく一部しか見えないので、この家にある本はみな半革装で、背表紙に金の装飾が入っているのだろう、と思ってもらえる。もし外の人が部屋に入ってきたとしても、この家にある本はみな、少なくともハードカバーではあるようだ、と思ってもらえる。ソフトカバーの本が左のほうに並んでいるのを見られてしまうのは、外の人がシャンデリアの下まで来た場合だけだ。

半革装の本の中に、『コンゴでの三年（*Tre år i Kongo*）』（一八八七年）という本があった。ベルギーの王、レオポルド二世に仕えていたスウェーデン人将校三人が、自身の経験を綴った本だ。

パーゲルス中尉は、アフリカでの旅に慣れた人に、カバの皮でつくった鞭〝シコット〟を親友として同行させるようアドバイスされたという。「ふるうたびに血のルーン文字を刻みこむ鞭だよ」と。

ヨーロッパ人には残酷に聞こえるかもしれないが、自分も経験上、これが真実であることを知っている、とパーゲルスは語った。そして、とりわけ大切なのは、冷静そのものの態度で淡々と鞭をふるうことだ、と――

「蛮人に身体的な罰を加えざるをえないときには、顔の筋肉のひとつにも感情が表れることのないようにしなければならない」

グリールップ中尉はこんなエピソードを報告している――配下の運搬人を鞭打っているうちに、急に熱が上がって倒れてしまった。すると、それまで鞭打たれていた連中が面倒をみてくれた。白い布を広げて彼を覆い、まるで子どもの看病をするように、甲斐甲斐しく世話を焼いてくれた。運搬人のひざを枕代わりにして横になっているうちに、べつの男が谷底まで走っていって水を汲んできた。そのおかげでほどなく回復し、ふたたび鞭をふるうことができた。

だが、そんなふうに行動する黒人はごく一部であって、〝蛮人一般〟はその正反対だ、とも語っている。

パーゲルスも〝蛮人一般〟のよい面を探したが、どうやらひとつも見つからなかったらしい。「もし私が死の床に臥していて、グラス一杯の水で私の命を救うことができたとしても、蛮人は私が駄賃を払わないかぎり、だれひとりとして水を持ってくることはないであろう」

道徳、愛、友情――蛮人にはそういうものがすべて欠けている、とパーゲルスは語る。彼らは物理的な力の強さにしか敬意を抱かない。友好的な態度は愚かさとみなされる。したがって、蛮人にはけっして友好的な態度をとってはならない。

まだ若いコンゴ国が、文明化という偉大な任務を成功させるためには、相当な労力を費やすことになるだろう、とパーゲルスは述べる。この仕事を率いるコンゴ国の支配者であり、人類のためなら犠牲を厭わない気高き君主、レオポルド二世国王陛下に、神の祝福があるように、と。

将校たち三人の報告書は一八八六年九月三十日、ストックホルムの〈グランド・ホテル〉の宴会場で、スウェーデン人類学・地理学協会に向けて発表され、国王陛下、王太子殿下、ゴットランド公爵、ヴェステルヨートランド公爵、ネリケ公爵が臨席した。

報告内容に異を唱える人はひとりもいなかった。

むしろ逆だ。同会の会長であり、男爵でもあるフォン・デューベン教授は、こう宣言した——

「コンゴに赴いた諸君が、過酷なかの国で労苦や争い、窮乏に見舞われながらも、つねにスウェーデンの威信を堂々と保っていた旨、誇らしく拝聴した」

これが、本棚のいちばん目立つところに並ぶ半革装の本に記された真実だった。だが、隅のほうに並んでいたソフトカバーの本の中には、祖母のにおいのする、べつの真実があった。

20

スウェーデンでは一九六六年まで、親が子どもに体罰を加える法的な権利を有していた。この権利はいまもなお、ヨーロッパの多くの国で保障されている。フランスの金物店ではいまでも、妻子への体罰専用の鞭を買うことができるという。〝マルティネ〟と呼ばれるもので、太い革紐九本でできているので、スウェーデン語では〝九尾の猫〟と呼ばれている。

私の実家では白樺の枝を使っていた。ときおり、もっと深刻な状況になると、母は私を連れて厳かに森へ向かい、しなる柳の枝を切った。そのときの母の顔は、まさにパーゲルスがそうあるべきと説いたとおりで、筋肉のひとつにも感情は表れていなかった。

私は人々の視線を避け、自分の黒いゴム長靴を見下ろしていた。行き先は旧運動場で、隣接する森の端に柳が生えている。母は次々と枝を切ってはヒュン、ヒュンと振り、その手応えを試した。それから私に枝を渡した。私はそれを家まで持ち帰るあいだ、たったひとつのことだけを考えていた——だれにも見られませんように！

なによりつらい罰は、恥だった。

そして、待たされることも。

父の帰宅を待っているうちに一日が過ぎる。帰宅した父はなにも知らない。いつもどおりの顔をしているからそうとわかる。祖母の部屋に入ろうとしたところで、母が父を引きとめ、こんな恐ろしいことがあったのだと話して聞かせる。

私は寝室へ行っていろと言われる。両親が話しあっているあいだ、私はベッドで横になり、待った。なにを言われているかはわかっている。

やがてふたりが寝室に入ってくる。ふたりとも、冷たい、うつろな、敵意に満ちた顔をしている。母が柳の枝を持っている。ほんとうなのか、と父が尋ねてくる。聖クヌートの日〔一月十三日。クリスマス期間終了のしるしに、ダンスをしたりクリスマスツリーを片付けたりする〕のお祝いで、そんなに行儀の悪い態度をとったのか？　汚い言葉を使ったのか？　神さまを冒涜したのか？

「はい」私は吐く息まじりに答えた。

ぎょっとしながらも楽しそうにしていた女の子たちの姿が目に浮かび、私は自惚れのあたたかな火照りをあらためて感じる。祝いの席で、私を感嘆の目で見つめる仲間たちに囲まれ、禁じられた言葉をかたっぱしから口にしたときのこと。父が枝をつかんで私を打ちはじめてもなお、そんな言葉が私の中で響きわたる。「神さまの小便野郎、クソ野郎、ケツまんこ野郎、チクりやがって……ちくしょう、ちくしょう、ちくしょう……」

父は母のように朝から苛立っていたわけではない。冷静なまま鞭をふるいはじめ、はじめのうちは、パーゲルスのいう〝身体的な罰〟を下すのはじつに気が進まないが、しかたなくやっている、というようすだった。

鞭をふるっている父の顔は見えなかったし、私の顔も父には見えていなかった。だが、父の息遣いから、なにかが起きて父が暴力への境界線を越えたことがわかった。

息子にこれほどの痛みを与えることを恥じているのかもしれない、と私は想像した。恥が怒りにすり替わって、意図したよりも強く鞭をふるってしまっているのではないか、と。だがそれは、私が自分自身の恥を父の行動に投影していただけかもしれない。

ひとつ確かなのは、人は暴力をふるっていると一種の狂気にとらわれる、ということだ。暴力が人を連れ去り、変化させ、まったくべつの姿につくりかえる。その姿は、すべてが終わったあともそのままだ。

21

私が大量虐殺から救出した本、『椰子の木の陰で』(一九〇七年)は、エドヴァルド・ヴィルヘルム・シェーブルムという宣教師が書いたものだ。彼は一八九二年七月三十一日にコンゴに到着した。八月二十日、彼は最初の死体を目にした。

シェーブルムの日記を読むと、彼が宣教の拠点に適した場所を選ぶため、蒸気船でコンゴの奥地へ向かっていくようすをたどることができる。船に乗った初日には早くも、パーゲルス中尉が熱く推薦していた例のカバ皮の鞭で罰が下される場面を目撃した。船に乗っていた白人はみな一様に、〝黒人を文明化するには鞭をふるうしかない〟と考えていた。

とあるカトリックの宣教所に、国と先住民との戦いで囚われの身となった少年が三百人いた。これから国に引き渡され、兵士となるべく教育されるということだった。

そのうちのひとりが逃げ、つかまえなければならなくなって船の出発が遅れた。少年はどこよりも暑い蒸気機関のそばに縛りつけられた。シェーブルムはこう書き記している——

「船長は少年にシコットを頻繁に見せていたが、実際にそれを味わわせる前に丸一日待たせた」

「だがついに苦しみの時がやってきた。何度鞭打ったか数えてみたが、六十回ほどだったと思われる。加えて頭や背中を蹴ってもいた。身につけている薄い服が血まみれになっているのを見て、船長は満足そうに笑っていた。少年は苦しみながら甲板に横たわり、蠕虫のごとくのたうっていたが、船長や交易代理人はそのそばを通るたびに、少年を一度、あるいは何度も蹴りつけていった……私はすべてを黙ったまま見ていなければならなかった」

「夕食の席で、彼らは黒人を相手に自分らが挙げた手柄について話しあっていた。その場にはいない仲間のひとりが、配下の男三人を容赦なく鞭打って死なせた、という件が話題にのぼった。これは偉業として語られていた。ひとりがこう言った──

『やつらの中で、いちばんすぐれたやつであっても、豚のように死ぬのがふさわしいよ』」

22

この本が祖母のもとに戻ることはなかった。私はその本を、ソフトカバーの本の並ぶ片隅に、しっかり隠したままにした。

23

パーゲルスがコンゴに戻って、シェーブルムの見ている光景を見たとしたら、いったいどう反応しただろう？

ひょっとすると、E・J・グレイヴの日記がその答えをくれるかもしれない。[14] こちらは情にもろくデリケートな宣教師などではなかった。先住民には〝きわめて厳しく〟接しなければならず、〝国のために働く気がないのであれば〟その村を攻撃しなければならない、と最初から理解していた人物だ。

「彼らをむりやりにでも働かせるのは罪ではなく、むしろ善行だ……厳しいやり方かもしれないが、原住民を取りあつかうのに説得では不十分であり、暴力をもって支配するしかない」

これがグレイヴの出発点だった。コンゴ滞在もこれがはじめてではなく、スタンリーの最初の部下のひとりだった。が、一八九五年一月、コンゴに戻った彼は、そこで目の当たりにした暴虐に激しい嫌悪を抱く。最終的に彼の忠誠心を打ち砕いたのは、シェーブルムが目撃したのとよく似た拷問の場面だった。

「コルク抜きのようにねじれていて、縁がナイフの刃並みに鋭いカバ皮の鞭、とりわけその新品は、じつに恐ろしい武器であり、ほんの数度ふるっただけで血が流れだす。きわめて深刻な罪でなければ、二十五回を限度とするべきだ。

われわれはアフリカ人の皮が厚いのだと考えて納得しがちだが、それでも並外れて頑丈な者でなければ、百回にわたって鞭打たれるという恐ろしい罰を生き延びることはできない。犠牲者はたいてい二十五回から三十回で意識不明に陥る。一撃目でおぞましい悲鳴をあげるが、そのあとは静かになり、すべてが終わるまで、ただのうめき震える身体と化す……。

男が鞭打たれるのもひどいものだが、女や子どもに罰が下されるときはさらにひどい。十歳、十二歳ほどの少年であっても、痼癪持ちの支配者に当たると、しばしばたいへんに厳しい仕打ちを受ける……私はカソンゴで、深い切り傷を身体に刻まれた少年をふたり見かけた……。人は百回も鞭打たれたら、多くの場合は瀕死状態となるし、一生癒えない傷を負うものだと、私は心から確信している」

24

シェーブルムと同様、グレイヴにとってもこれが転機となった。これを書き記したのち、彼はどんどん体制に批判的になっていく。

一八九五年三月のはじめ、グレイヴはシェーブルムが宣教師として滞在している拠点、赤道地区に到着した。グレイヴ自身も設立に参加した拠点だ。

「以前は原住民の待遇もよかった」と彼は書いている。

「が、いまはあらゆる方角に遠征隊が送りこまれ、ゴム生産と拠点への配達を原住民に強制している。国がこの唾棄すべき政策を実行しているのは、ひとえに利益のためだ。

膨大な数の人々が殺され、家を破壊されている。われわれ白人に権力がなかった時代、このようなことをする必要はなかった。強制的な交易の結果、国の人口が減少している」

グレイヴもシェーブルムと同様、国の教育を受けることになる囚われの少年たちとともに船旅をした。

「小さな奴隷百人を船に乗せ、赤道地区を十一時に出発。大半は七歳から八歳の少年だが、少女も何人かいる。みな原住民から盗まれた子どもたちだ」

「これで慈善だの文明だのと言っているのだ！　どこにそんなものがあるのか、私には心底理解できない」

「船に乗せられて川を下っていく奴隷たちは〝解放された者たち《リベレ》〟と呼ばれていたが、多くは衣服や睡眠、医療の欠乏によって命を落とす。百人の子どもたちのうち大半は全裸で、寒い夜に対して身を守るすべを持たない。彼らの罪は、ほんの少々の自立を求めて戦った父親や兄がいる、ということだけだ」

だが、旅を終えてベルギー人やイギリス人のもとに戻ったグレイヴは、集団の圧力に影響されて批判をやわらげた。最終的な評価はおとなしいものだ――

「まだ若いコンゴ国を、あまりにも性急に、厳しく非難するべきではない。ベルギーはこの国を開拓し、ある程度の行政を導入し、原住民の扱いにおいてアラブ人を打ち負かした。だが、その交易手段を変える必要があるのは事実だ」

『闇の奥』では、支配人がクルツに同じ評価を下している――彼の交易手段は不健全であり、放棄されなければならない、と。

25

シェーブルムは宣教師としての仕事を通じて、グレイヴよりも先住民と近しく接触する機会を得た。そんな彼は、恣意的な殺人の新たな例を、来る日も来る日も記録しつづけていた。

一八九五年二月一日、シェーブルムの説教の最中に兵士が老人をとらえ、じゅうぶんな量のゴムを集めていないと非難した。シェーブルムは礼拝が終わるまで待つよう兵士に告げた。が、兵士はそれを無視して老人を数歩脇へ引きずっていくと、そのこめかみに小銃の銃口を当て、発砲した。

「九歳ほどの少年が、死人の右手を切り落とすよう兵士に命令された。この手は翌日、同じように切り落とされたほかの手とともに、文明の勝利のしるしとして弁務官のもとに届けられることとなった」

「ああ、文明世界が知ってくれさえしたら！　何百、いや、何千もの人々が殺され、村を破壊され、生き残った原住民が最底辺の奴隷として生きながらえさせられていることを……」

26

一八八七年、スコットランド人の外科医J・B・ダンロップが、幼い息子の自転車に、空気を入れてふくらませるゴムタイヤを取りつけることを思いついた。一八八八年、彼はこの自転車タイヤの特許を取得。それからの数年でゴムの需要は激増した。シェーブルムとグレイヴの日記に記されているとおり、コンゴの支配体制が残虐性を増したのは、これが理由だ。

人類のためなら犠牲を厭わない気高き君主、レオポルド二世は、一八九一年九月二十九日、コンゴにいる彼の代理人たちに、ゴムと象牙の〝交易〟の独占権を与える政令を発した。同時に先住民には配達と労働の義務が課され、これによって事実上、交易をおこなう必要はなくなった。[15]レオポルド二世の代理人たちはただ単に、労働、ゴム、象牙を、対価を支払うことなく先住民に要求した。拒んだ者は村を焼かれ、子どもを殺され、手を切り落とされた。

このやり方で、はじめは儲けが劇的に増加した。得られた利益は、いまなおブリュッセルの美観を損なう醜悪なモニュメントであるサンカントネール公園の凱旋門やラーケン宮、またアルデンヌ城を建てるためなどに使われた。このためにいくつの手が切り落とされたか、記憶している人はほとんどいない。

一八九〇年代半ば、ゴムの暗い秘密はまだ知られていなかった。グレイヴなら語れただろうが、彼は一八九五年五月にコンゴのマタディで亡くなっている。真相を知っていて、恐怖体制に反対していたのは、シェーブルムとその仲間の宣教師数人だけだった。

彼らは国の暴虐を当局に報告したが、無駄だった。そこで最後の手段として、国際世論に訴えかけることを決めた。

シェーブルムはスウェーデンのバプテスト教会の週刊誌『ヴェッコポステン』に、的確かつ具体的な記事を寄せた。いくつかの記事は英語で書き、ロンドンのコンゴ・バロロ宣教会にも送った[16]。その結果、宣教会の月刊小冊子『越えたささざき《リージョンズ・ビヨンド》』に、ごく小さな、言われなければ気づかないほどの短い記事が載った。

「ゴムの強制交易が原因で、原住民のあいだにたいへん深刻な反乱が広がり、複数の地区で大虐殺がおこなわれている……コンゴ自由国のエカトゥールヴィルに在する役人に対して告発があり、司法による調査が始まっている。だが、調査だけでは不十分だ。われわれはこうした圧制の是正を求める。しかしながら、事実を広く公にすることなくして是正などできるだろうか[17]」

27

この小さな記事は、行間を読める人々のためのものだった。

そのひとりが、チャールズ・ディルクだ。元外務次官で、先住民保護協会の理事を務めていた。彼は『越えたささざき』の小記事にはっきりと言及しつつ、コンゴでの状況を取りあげ、「アフリカにおける文明」というタイトルの鋭い記事を書いた[18]。

この記事は、イギリスの中でも重責を担っている層が、宣教師たちの報告に注目したことを示す最初の兆候だった。記事はヨーロッパ全体の読者に届くよう、当時創刊から間もなかった雑誌『コスモポリス』に掲載された。掲載は一八九六年七月。コンラッドが「文明の前哨地点」を書き、ほかでもないこの『コスモポリス』誌に送ったのと、まったく同じ月だ。

コンゴ国の創設につながったベルリン協定の批准から十年が経過した、とディルクは書いた。ブリュッセルやベルリンで読みあげられた高邁な言葉は「アフリカの奥地でいまなお進行している、象牙を狙った密猟、燃える村々、鞭打ち、銃撃」という形で具現化されている、と。

コンラッドの小説では、黄ばんだ新聞に掲載された誇らしげな言葉の数々が、象牙を狙った密猟、奴隷貿易、殺人という形で具現化されていた。

われわれは古い支配の形を壊したが、新たな支配の形を築きあげることができていない、とディルクは述べる。アフリカ大陸は広大で、気候も孤独もヨーロッパ人には耐えがたく、したがってヨーロッパ人による支配がよい結果をもたらすとは考えられない、と。

コンラッドの小説でも、あのふたりのヨーロッパ人を参らせたのはまさに、広大さ、気候、孤独だった。とくに、孤独だ。なぜならそれは内面の荒廃を伴う、とコンラッドは書いている——「荒涼たる大地に心が侵蝕されてしまうのを防いでくれていた」なにかが失われるのだ、と。

なにか、とは？「故郷のイメージ、自身たちと同じような人々の記憶、自分たちがかつて考えたり感じたりしたように今も考えたり感じたりしている人々の記憶が、遠い場所に退いてしまい……希薄になってしまった」

孤独が、彼らの内にある社会を消し去る。残るのは恐怖、不信、暴力だ。

アフリカからの税収で、インドと同等の質の行政をまかなうことはできない、とディルクは書いている。民主的な政府であっても、ときには純然たる探検家に仕事を任せなければならなくなる。王立ニジェール会社やコンゴ国はそれにとどまらず、世論の目のまったく届かないところで、広大な領土に住む莫大な人口を支配している、と。

コンラッドの小説に登場するならず者ふたりは、奴隷取引をして象牙を手に入れる。「俺たちがだんまりを決めこんだとして、いったい誰が喋るんだ？　ここには誰もいないんだぜ」

まさにそれが問題だったのだ、と語り手は言う。だれもふたりを見ていない。「自分の弱点と共に取り残された」人間は、どんなことでもしかねない。

ディルクは記事の中で、そういう状況に置かれた人間がどんなことをしかねないか、あらためて示してみせた。アメリカ合衆国での先住民虐殺、南アフリカでのホッテントット〔現在はコイコイ人と呼ばれる〕虐殺、太平洋の島々やオーストラリアの先住民虐殺に言及している。同じような大量虐殺が、コンゴ国でも進行しているのだ。

この題材も、コンラッドの小説には含まれている。カルリエが、この国を居住可能な国にするには「黒人《ニガー》を根絶やしにする」必要がある、と説いている。

ディルクの記事はコンラッドの短篇の草案であり、この短篇は二年後の『闇の奥』の草案にあたる。

そして、「黒人を根絶やしにする」というカルリエの言葉は、クルツの「すべての野蛮人を根絶やしにせよ」という言葉の原案だ。

28

一八九七年五月、シェーブルム本人がロンドンに到着し、重病だったにもかかわらず、先住民保護協会主催の会合に姿を見せた。ディルクが議長を務めた。

重々しく真剣な態度と、淡々としていながらも委細を尽くした、やや几帳面すぎるとすら言えそうな語り口で、シェーブルムは申し分なく信頼に値する印象を与えた。コンゴでの大量殺人に関する彼の証言は、世間に広く知れわたることとなった。

新聞紙上で論争が巻き起こり、レオポルド二世は直々に介入せざるをえなくなった。一八九七年六月から七月にかけてロンドンとストックホルムを訪れ、シェーブルムの告発は事実無根だと、ヴィクトリア女王とオスカル二世に自ら説得を試みている。

スウェーデンの大手各紙はレオポルド二世の訪問に合わせ、コンゴに関する批判的な記事を大々的に掲載した。だが、ロンドンではレオポルド二世のもくろみがおおむね当たった。ちょうど帝国祝賀行事の準備が急ピッチで進められていたころだ。ヴィクトリア女王には、コンゴで切り落とされた手の入った籠などより、ほかに考えることがたくさんあった。

列強はどの国も、レオポルド二世の大量虐殺の件に首を突っこむことをよしとしなかった。自分たちにも隠しておきたいことがたくさんあったのだ。イギリスがようやく介入したのはその十年後、コンゴ改革運動という組織だった活動の結果、政府がなにもせずにいることが政治的に不可能となったからだ。

一八九七年九月、暴虐をまざまざと記録したグレイヴの日記が『センチュリー・マガジン』誌に掲載されたが、なにも変わらなかった。シェーブルムがまた記事を書いてこの問題を取りあげたが、なにも変わらなかった。一八九七年初夏のコンゴ論争はもう忘れ去られていた。祝賀行事によってかき消されてしまったのだ。

一八九八年、コンゴはほぼ例外なく良い意味で注目を浴びた。その筆頭が、マタディとレオポルドヴィル〔「レオポルドの街」の意。現在のキンシャサ〕を結ぶ鉄道の開通で、写真や挿絵入りの雑誌に大きなルポルタージュが載った。この鉄道のために失われた命については、ひとことも言及されなかった。

29

ところが一八九八年十二月十三日、王立統計学会が年次総会を開き、レナード・コートニー会長が〝商業拡大の実験〟をテーマに講演をした[19]。

一私人としてのレオポルド二世が、列強各国の力を借りて、ヨーロッパそのものに匹敵する広さの土地に住む、千百万人とも二千八百万人ともいわれる先住民たちの支配者となった――これが〝実験〟だ。

コートニーはベルギーの情報源を次々と挙げ、コンゴでの行政と商業的搾取がどのように絡みあっているかを説明した。そして、その体制が生みだした暴力を、グレイヴの日記の助けを借りて描写してみせた。

グレイヴはスタンリー・フォールズで、こう書いている（スタンリー・フォールズは、『闇の奥』では〝奥地出張所〟と呼ばれている）――

「国に仕えるアラブ人たちは象牙やゴムの納入を強制され、成果を出すために必要と考えるならどんな手段を用いてもよい、との許可を得ている。そのやり口は、ティップー・ティップ〔ザンジバル出身のアラブ系スワヒリ商人。一八六〇～七〇年代に奴隷や象牙の商人として勢力を拡大。欧米人探検家の支援をしたことで有名になった〕の時代と変わらない。村を攻撃し、人々を奴隷として連れ去り、象牙が手に入るまで村に返さない。この国は奴隷制度を廃止するどころか、アラブ人の競合相手を駆逐して奴隷交易を独占するに至ったのだ。

国の兵士たちは絶えず略奪に走り、迫害された原住民は自分らを苦しめる者を殺し、喰らって逆襲することもある。つい最近も、ロマミの出張所で二名が原住民に殺され喰らわれた。原住民を罰するためにアラブ人が派遣され、女や子どもが数多くとらえられて、二十一人の首がスタンリー・フォールズに送られてきた。ロム大尉はこれらの首を、自宅前の花壇を囲む装飾として用いている」

『サタデー・レビュー』誌によると、コートニーはグレイヴの証言をこのように伝えた――

「ベルギーは奴隷制度を、同等かそれ以上に非難されるべき強制労働制度に置き換えた。ベルギー人の中に野蛮きわまる行いを厭わない者がいるというのは、イギリス人であるわれわれも痛いほどわかっていることだ。コートニー氏はロム大尉なる人物に言及した。この人物は、懲罰遠征隊に殺された原住民二十一人の首で、自宅の花壇を飾っていたという。コンゴの文明化を推し進める最善の方法について、ベルギー人はこのように理解しているというわけだ」

ひょっとするとコンラッドは、グレイヴの日記が一八九七年九月に発表された時点で、それを読んでいたかもしれない。だとすれば、この記事を読んで、日記の内容を思い出したことだろう。あるいは、グレイヴの日記の内容を、この時点ではじめて知ったのかもしれない。どちらなのかはわからない。確かなのは、一八九八年十二月十七日土曜日、コンラッドは気に入りの雑誌『サタデー・レビュー』で、ロム大尉の庭の装飾について読むことができた、という点だけだ。

十二月十八日日曜日、コンラッドは『闇の奥』を書きはじめた。マーロウがクルツの家に双眼鏡を向けると、痩せおとろえて干からび、目を閉じた黒い生首がいくつも見える――家主のモットー、「すべての野蛮人を根絶やしにせよ」の帰結が見える。そういう小説だ。

クサル・マラブティンへ

30

インサラーのアラビア語名はアイン・サラーフで、〝塩辛い泉〟を意味する。いや、文字どおりには〝塩辛い目〟という意味だ——泉は砂漠の目だから。

現在でも、深い地下から汲みあげられた水は塩辛く、一リットル当たり、乾燥した状態で平均二・五グラムの物質で濁っている。透明とはとても言えないこともある。

降水量は年間十四ミリ。つまり雨が降るのは五年に一度、あるいは十年に一度だ。砂嵐のほうが頻繁で、とくに春に多い。平均して年に五十五日は嵐が起きている。

夏は酷暑だ。日陰で摂氏五十六度という記録がある。冬はというと、なにより日向と日陰の差が激しい。日陰にある岩は冷たすぎて座れず、日向にある岩は熱すぎて座れない。

日差しがナイフのように切りつけてくる。私は日陰からべつの日陰へ移動するとき、深々と息を吸いこみ、手で顔を覆って歩く。

気持ちのよい時間帯は、日没前後の一時間だ。太陽がついに目を刺すのをやめてくれるが、それでも身体や物体、空気中に、心地のよい暖かさがまだ残っている。

インサラーは、アフリカでは珍しい、フォガラの文化の残る町だ。[20]

フォガラという言葉は〝掘る〟〝貧しい〟という言葉に関係があると言われている。ペルシア語で〝カナート〟と呼ばれているのと同種の地下用水路だ。アラブの年代記によると、フォガラを北アフリカに持ちこんだのはマリク・エル・メンスールという人物で、十一世紀のことだという。彼の子孫はトゥアト地方のエル・マンスールに暮らし、バルマカと名乗っている。フォガラ敷設のスペシャリストだ。

サハラ砂漠のフォガラは多くの場合、長さ三〜十キロメートル。過去には計三千キロメートルを超えるフォガラがサハラ砂漠に存在していた。地下水路の天井はまっすぐに立って歩くことのできる高さで、ときには八〜十メートルに及んだ。井戸は深さ四十メートルに達することもあった。作業そのものはつねに奴隷の担当だった。奴隷制度は何度廃止されようとも、そのたびに地下水路の中で、べつの名前で生き延びた。

作業は坑夫のそれに似ているが、鉱脈ではなく水脈が狙いだ。柄の短い小さなつるはしを使って作業をする。工事用の竪穴は、地表での大きさは一メートル四方。砂岩層に下りてくるころには六十センチ四方、かろうじてつるはしをふるえる大きさになっている。

掘った土や岩は作業員が運び上げ、穴のまわりに置いておくので、フォガラは地表からだとモグラの穴が並んでいるように見える。

竪穴が地下水を運ぶ砂岩層に到達すると、そこから水路を掘る作業が始まる。真っ暗なトンネルの中で、作業員は簡単に方向を見失う。技術が試されるのはここからだ。

地表から見ると、フォガラはまっすぐ通っているように見える。だが、じつは地下では曲がりくねっている。自分の掘っているトンネルが、べつの作業員がとなりの竪穴から掘っているトンネルに行き当たるようにしなければならない。また、ちょうどいい傾きをつくることも大切だ。水が流れるように傾斜をつくりながらも、目的地にたどり着く前に標高差を使い切ってしまわないよう気をつけること。

フランスがインサラーを征服したとき――十九世紀と二十世紀を分ける大晦日の夜のことだった――フォガラはすでに涸れはじめていた。その後はフォガラに代わって深井戸が設置されるようになった。だが水の供給はいまもなお、蒸発をなるべく防ぐため夜中におこなわれる。水を使う人たちに、それぞれ星があてがわれていて、その星が空に現れたら水を汲んでいいことになっている。人々は自分の星を待ちつつ、井戸のそばで夜を過ごす。彼らは自分たちのことを、星の子、と呼ぶ。

32

インサラーには四つの地区があり、そのうちのひとつはクサル・マラブティンという名だ。見るべきものはあまりない――地面、建物、空、すべてが同じ埃色をしている。墓地だけが例外で、ふしぎな白亜のマラブー〔とくに北アフリカにおけるイスラム指導者の呼称〕の墓が、埃色をした世界の中で暗示的に輝いている。人生で唯一、死こそが祝祭にふさわしい。

子どもがずらりと岩に座って、ひざに黒板を載せ、コーランを音読している。ドラム缶を蹴りながら歩く男がそばを通りかかって、子どもたちの注意がそれる。べつの男が埃の中で寝入っている。日向に寝そべり、なにかを抱きかかえるように両腕を伸ばしたまま眠っていて、そばを転がっていくドラム缶の音にも気づかない。

ジムは広間がひとつあるだけで、天井がやたらと高い。奥の隅に暗い更衣室と、バルコニーに上がる螺旋階段がある。バルコニーから広間を見下ろしつつ、縄跳びやバーベルの棒、体操で身体を温める。

珍しいものはなにもないが、やや原始的ではある。鏡は数少なく、どれも小さい。ベンチは木製で調節がきかない。ケーブルマシンについているのはスチールワイヤーではなく縄で、これが相当に太いものなので（そうでないと切れてしまう）、元の位置に戻すときに摩擦力がはたらきすぎて、筋肉を使う必要がないほどだ。それを除けばなにひとつ、ふつうと変わらない――汗ばんだ身体のにおい、金属のぶつかる音、わめき声、うめき声。

広間に下りると、ちょうどバーベルが空くという幸運に恵まれた。細く黒い棒に、円盤状のウェイトをつけて使う。だが固定することができないので、私はバランスを崩さないよう慎重に持ち上げた。

十回を一セットとして三セット、首の後ろで上げ下げしてから、狭い幅で持ってあごまで持ち上げるのを三セット、上腕二頭筋を鍛えるのを三セット。それからバーベルを離れ、空いたばかりのダンベルを手にした。両手にダンベルをひとつずつ持ち、あたりを見まわしてベンチが空くのを待つ。すると交代でいっしょに使おうと言ってくれた人がいて、私たちはダンベル・フライを三セットこなした。とはいえ、彼のほうは倍の重さのダンベルを使っていたが。

ベンチプレスで仰向けになってバーベルを上げていると、バーベルを置くラックの黒いスチールパイプが私の顔の上にあって、まるで籠のように見える。十歳ほどの少年が棒にウェイトをつけはじめている。私は彼を手伝い、そうして私たちは交互にトレーニングを始める。少年は十回を三セット、私は二十回を三セット。少年のほうはそれで満足したようだ。

左頬に白い傷痕のある背の高いアラブ人が、ウェイトを倍にしようと提案してきた。今度は私が十回を三セット、彼のほうが二十回を三セットだ。それから彼はまたウェイトを倍にしたが、私はもう満足だった。

そんなふうにして続いていく。縄の比較的細いケーブルマシンがひとつあって、引くときも戻すときもちゃんと力を必要とする。そこで私は首の後ろで十五回、三セット上げ下げした。ローイングマシンはない。レッグエクステンションやレッグカールはぐらぐらしていて危険に見えたので、やめておいた。ほかにやれることはたくさんある。

トレーニングを始めたころによく見ていた白昼夢や幻影は、いまや珍しい。最近の私はジムではなく、ベッドで夢を見る。だが、思考は明晰になる。新しい考えが浮かぶわけではないかもしれない。だが、すでに知っていることが、前よりも近づいてくる。

33

「セヴン！」

しっかり疲れきって身体に力の入らなくなった私は、〈シェ・ブラヒム〉の屋外に置いてある低いベンチに腰を下ろし、生のミントの葉でいれた茶をすすっている。トレーニングの力で意識の硬い殻がほろりと解け、自己が穴だらけになる。ジムを出たあとでここに座り、行き交う人々を眺めるのが、格別に気持ちいい。

「セヴン！　セヴン！」

インサラーの人口は二万五千人、その大半が黒人だ。頻繁に顔を合わせるので会釈を交わすようになった人も多い。それでも、〃セヴン〃が自分のことだと気づいた私は、驚きにぎくりと身をこわばらせた。

名前を呼ばれると、匿名の状態からぐいっと引っぱり出される。夢からいきなり目覚めさせられるようなものだ。信じられない思いであたりを見まわすと、アルジェで知り合ったトリノ出身の陽気な男が目に入った。仕事でトリノ・カメルーン間を年に何度も車で行き来する彼にとって、サハラ砂漠は移動を妨げる面倒な障害物でしかない。

ちょうど愛車メルセデスのフロントにワセリンを塗り終えたところで、彼は上を向き、この透明な液を目に差してほしいと頼んできた。どちらもデリケートな表面が砂による摩耗で傷むのを防ぐための措置だ。翌朝には南へ出発し、暗くなるまで走ってから、車の中で寝るつもりだという。

「乗せていってもらえないかな?」

「いや」と彼は言う。「あんたのワープロもトランクも重すぎる。乗用車でタム〔タマンラセットのこと〕まで行こうと思ったら、軽くなきゃならない」

よく考えてみれば、これは私にとっても悪くない答えだ。いまは地理的な旅を続けるよりも、ハードディスクにフォガラを掘る作業のほうが魅力的に思える。

これまでに私は、「すべての野蛮人を根絶やしにせよ」が、一八九六年から一八九七年にかけておこなわれたがその後中断されたコンゴ論争、とくにディルクとグレイヴの議論とつながっていることを示してきた。

だが、あの一文には、またべつの時代背景もある。作家ジョゼフ・コンラッドが一八九八年、失業中の船長マーロウがアフリカでの船乗りの仕事を探す場面を書いたときに土台としたのは、やはり失業中の船長であった彼自身、三十一歳のヨゼフ・コンラート・コジェニョフスキが、コンゴ川での船乗りの仕事を探していた、一八八九年秋の記憶だった。

『闇の奥』を理解したかったら、一八八九年十二月と一八九八年十二月のつながりに目を向けなければならないのではないか。それが、私の仮説だ。

だから私は翌朝、またワープロに向かう。椅子の座面にタオルを敷き、中国製の薄手の肌着と、同じく中国製のボクサーパンツだけを身につけて。続ける覚悟はできている。

II

34

武器の神々
〝with the might as of a deity〟——神のごとき力を備えて

一八八九年の秋に起きた世界的な事件といえば、スタンリーがアフリカの奥地への三年にわたる探検から帰還したことだ。スタンリーは、ダルヴィーシュのもとからエミン・パシャを救出していた。[21]

〝ダルヴィーシュ〟というのは、スーダンでイギリスに抵抗して成功を収めていたイスラム運動の通称だ。マフディー教徒とも呼ばれた彼らは、一八八五年一月にハルツームを占領した。救援軍の到着は二日遅れで、ゴードン将軍を救うことができなかった。これは大英帝国がアフリカで喫した、もっとも屈辱的な敗北だった。

だが一八八六年末、ゴードンの下で州知事を務めていたエミン・パシャが、いまなおスーダンの奥地で持ちこたえており、救援を求めている、との知らせを携えた使者がザンジバルに到着した。

政府はためらったが、いくつかの大会社がパシャの状況を口実にして、独自に遠征隊を組織しはじめた。その主な目的は、エミン・パシャの治める州を、会社が支配するイギリスの植民地につくり変えることだった。

遠征隊の指揮はスタンリーに任された。リヴィングストンを救出したことで有名な彼は、その偉業をふたたび成し遂げ、探検家として有終の美を飾る心づもりだった。「リヴィングストン博士でいらっしゃいますか?」ならぬ、「エミン博士でいらっしゃいますか?」というわけだ。

35

だが、ハックルベリー・フィンがジムを救ったときと同じように(当時はちょうどその本がはじめて書店に並んでいたころだ)、スタンリーもまた、エミンのもとにまっすぐ向かって求められた武器と弾薬を渡すだけではつまらないと考えた。

そこで隊を率いてザンジバルから出発し、アフリカ大陸を迂回してコンゴ川の河口に向かい、水煙をあげる滝をいくつも通過して、航行可能な上流のほうまで移動した。そこでレオポルド二世の船や奴隷商人ティップー・ティプの運搬人の助けを借りて、白人がいまだかつて足を踏み入れたことのない恐るべき〝死の森〟イトゥリの森を抜け、コンゴからスーダンへ何百トンもの軍需品を運べるだろう、と期待していた。

ところが当然、船はなかった。運搬人もいなかった。スタンリーは隊の大部分をコンゴに残し、少人数の先遣隊とともに自ら先を急ぐしかなくなった。

スタンリーは下層階級の人間で、ずんぐりとした体型、ごみ収集員のような筋肉の持ち主であり、長年のさまざまな経験を経て傷だらけだった。そんな彼が代理として選んだのは、優雅な若い貴族、バーテロット少佐だ。絹のごとく傷ひとつなく、甘い声をしたテノール歌手のような二枚目――だが、アフリカでの経験はなかった。なぜそんな男を代理に？

スタンリーはイギリスの上流階級を嫌い、いつも張りあっていた。ひょっとして、上流社会の男がジャングルによって打ち砕かれ、品性を失い、優越感や自信、自制心を失うところを見たかったのだろうか。そうすれば、男として、またリーダーとして、自分のほうが優秀であることがはっきりすると思ったのかもしれない。

やはりと言うべきか、バーテロットは完全に打ち砕かれた。隊の主力を率いる人物として置き去りにされた彼は、毎日おぞましい鞭打ち刑をおこなって規律を保とうとしたが、無駄だった。その人種差別的な姿勢が勢いを増して調子づき、バーテロットはどんどん孤立して、憎まれ、しまいには殺されてしまった。

36

スタンリーはそのあいだも、息の詰まりそうな暑さの中で悪戦苦闘しながら前進を続けていた。湿気で木々から水が滴り、着ている服は汗でびしょ濡れになる。空腹はつらく、下痢は止まらず、傷は膿み、眠る人間たちの足をネズミがかじっていく。

森に暮らす人々は彼らを恐れ、交易も道案内も拒んだ。スタンリーには暴力以外の手段に訴える時間がなかった。遠征隊の食料を手に入れるため、市場に向かう丸腰の人々を殺害した。子どもたちに銃を向け、彼らのカヌーを奪おうとした。

前進するためには必要なことだったのかもしれない。だが、そもそも前進する必要があったのか？　このルートはやめたほうがいいと、だれもが彼に進言していた。ただ、スタンリー本人の名誉欲だけが、たとえ無理でもやり遂げなければならないと言い張った。そして、そのためには殺人が必要になった——ワニの卵数個、バナナ数房を手に入れるための殺人が。

南極探検隊を率いたシャクルトンは、引き返すという選択肢を受け入れた。人の命を犠牲にするよりはと、自身のプライドをぐっとのみこみ、きびすを返した。スタンリーは死体の山を残しながら前進した。

中でもとくにおぞましい場面のひとつは、スタンリーが〝任務放棄〟した若い運搬人の首をくくったことだ。運搬人たちは東アフリカの乾燥したサバンナ地域を歩くつもりで仕事を引き受けた。それが、スタンリーによってこの湿気に満ちた原生林に連れこまれ、すでに半数が命を落としていた。「まだ子どもじゃありませんか、故郷から遠く離れたところに連れてこられて、腹をすかせている子どもですよ」とみなが懇願する。だが、スタンリーは容赦しない。「いま、われわれの弱いところを少しでも見せてしまったら、この野蛮人どもは逆上してわれわれに襲いかかるだろう」

実際、そのとおりだったのかもしれない。とはいえ、人を殺さなければ抜け出せないような窮状に自らを追いこんだのは、スタンリー自身だ。

生き延びた隊員たちは、飢えてやつれてぼろぼろになり、悪臭を放ち、高熱や膿疱にも苦しみ、一歩ごとに転びそうになりながらも、ついにアルバート湖のほとりにたどり着いた。

そこで蒸気船とともに待機していたエミンが一行を迎えた。まぶしいほどに真っ白な礼装用の軍服を身につけていた。健康そうで、落ち着いていて、疲れたようすもなかった。彼は自分を助けにやってきた救援隊のため、布や毛布、石鹸、煙草や食料を持参した。どちらがどちらを救援しているのだろう？

37

マフディー教徒はそれまでの五年間、エミンが州知事を務める僻地を放置していた。が、スタンリーの遠征隊の噂を聞きつけ、攻撃に転じることにした。スタンリーは隊の主力と合流するためコンゴに戻った。マフディー教徒はたちまち州全土を征服した。首都だけは例外だったが、そこではエミンの部下たちが謀反を起こしていた。

残された唯一の希望は、スタンリーが戻ってきて彼自身が引き金となった惨事を止めてくれることだった。エミンたちは日々、隊の主力が機関銃や小銃、弾薬を携えて到着する日を、いまかいまかと待っていた。

だが、戻ってきたスタンリーは、熱を出して震えている骸骨のような数人を率いて、ふらつきながら到着した。武器も弾薬も失っていて、自分たちの身を守れる状態ですらなく、ましてや鬨の声を上げる一万人ものダルヴィーシュに勝つ力などあるはずもなかった。

それでもエミンはとどまることを望んだ。自分も州に戻って防衛のため力を尽くしたい、とスタンリーに懇願した。

だが、スタンリーがこれを許すわけにはいかなかった。そんなことを許したら、彼自身の失敗があまりにも明白になってしまう。彼はエミンが要求したものをなにも与えてやれなかった。ただ状況を悪化させただけだ。

だが、むりやりであってもとにかくエミンを沿岸部まで連れていけば、そこから世界中に打電されるニュースの内容はどうとでもなるだろう、とスタンリーは期待した。「エミン救出さる！」のニュースが世界を駆けめぐるだろう、と。エミンは、スタンリーの敗北をマスコミでの勝利に変えてくれるトロフィーだったのだ。

企みは成功した。この遠征でスタンリーが真に成功したのは、この点だけだった——一般大衆に歓喜の声をあげさせること。

人々は勝利に酔い、細かいことを調べようとする人はいなかった。これまでだれにもできなかったことを、スタンリーがまたもややってのけた！　それだけが事実として大衆の意識に刻まれた。こうして、少なくとも当座の栄光は現実のものとなった——どれほどの犠牲があったにせよ、そして、その真の姿がどんなものであったにせよ。

だれもが救出を心待ちにしていたあいだの、エミン・パシャ閣下のようす。
『イラストレイテド・ロンドン・ニュース』紙、一八八九年十一月三十日

38

失業中のコジェニョフスキ船長、われわれがコンラッドという名で知っている彼が、一八八九年十一月、ベルギー・奥地コンゴ貿易株式会社のアルベール・ティース取締役の面接を受けるためブリュッセルに到着したとき、街はスタンリー・フィーバーに包まれていた。彼が沿岸部に向かっているとの知らせは届いていたが、到着はまだしていなかった。

十二月四日、スタンリーが意気揚々とバガモヨ〔現在のタンザニアの都市〕にエミンを連れ帰ったとき、コンラッドはロンドンに戻っていた。文明社会の偉大なる英雄への賞賛で、新聞各紙は何週間も沸きたっていた。

一八九〇年一月、スタンリーはカイロに到着し、そこで彼の視点から遠征隊についての手記を綴りはじめた。コンラッドは十六年ぶりにポーランドに戻り、少年時代を過ごしたカジミエルフカに二か月滞在した。

このあいだに、スタンリーはベストセラーとなる『最暗黒のアフリカにて（*In Darkest Africa*）』を書きあげ、ヨーロッパに戻った。

四月二十日、スタンリーはブリュッセルに着き、大喝采と言っていいほどの歓迎を受けた。レオポルド二世が主催した歓迎の宴では、広間の四隅が花のピラミッドで飾られ、そこから四百頭の象の牙が突き出ていた。祝賀行事は五日間にわたって続いた。

そのころ、コンラッドはちょうどポーランドから戻ろうとしていた。ブリュッセルに到着したのは二十九日、だれもがまだスタンリー祭りを話題にしていた。コンラッドはアルベール・ティースに会い、仕事を獲得し、すぐにコンゴへ向かうよう命じられた。ロンドンへ移動し、コンゴ行きの準備をした。スタンリー賞賛の声は最高潮に達していた。

スタンリーは四月二十六日、すでにドーヴァーに到着していた。特別列車でロンドンへ向かうと、莫大な数の群衆が彼を待ちかまえていた。五月三日、スタンリーはセント・ジェームズ・ホールで、王家の人々を含む一万人を前に講演をおこなった。オックスフォード大学とケンブリッジ大学から名誉教授の称号を授けられた。それからも全国各地で祝賀行事が続いた。

コンラッドには、こうした行事のすべてを見ている時間はなかった。五月六日、スタンリーがヴィクトリア女王との謁見を許された日、コンラッドはブリュッセルに戻り、五月十日にはアフリカ行きの船に乗りこんでいた。

39

アフリカと言っても、どのアフリカに向かう船だったのか？　それは状況が教えてくれる。コンラッドが向かったのは、スタンリーのアフリカだった。

スタンリーはコンラッドよりも十六歳年上だ。コンラッドと同じく、彼も母なしで育った。コンラッドと同じく、彼もまた善意あふれる父親代わりの存在に養われた。スタンリーがリヴィングストンを発見して世界的に有名になったのは、コンラッドが十四歳のときだ。スタンリーと同じく、コンラッドも船員になるため十五歳で旅立った。スタンリーと同じく、コンラッドも名前を、母国を、アイデンティティーを変えた。

そしていま、スタンリーへの賞賛の声がまだ耳の中に反響している状態で、コンラッドはスタンリーのコンゴへと向かった――スタンリーの伝説が隠している暗い現実については、なにも知らないままに。

40

一八九〇年六月二十八日（コンラッドがコンゴ川河口のマタディをあとにして、上流のスタンリーヴィルへ徒歩で向かったのと同じ日）、スタンリーの『最暗黒のアフリカにて』が刊行された。

この本は大いに注目され、十五万部を売り上げた。だが、集まったのは、良い意味での注目だけではなかった。

バーテロットの父が息子の日記を出版し、スタンリーに対抗して息子の名誉を守ろうとした。同じ年の秋、遠征隊に参加したヨーロッパ人が全員、ことの経緯をそれぞれの視点から公表した。一八九〇年十一月と十二月、コンラッドがアフリカの村で瀕死の病に臥せっているあいだ、イギリスの新聞にはほぼ毎日、スタンリーを擁護または非難する記事が載っていた。

アフリカで過ごした八か月のあいだに、コンラッドは、出発前に聞いた賛辞と現実は似ても似つかないのだと悟った。一八九一年の年明け、幻滅しきった病身のコンラッドがロンドンに戻ったころには、本国の世論の潮目もすでに変わっていた。

論争は一八九一年も続いた。もっとも冷静に、そうして強烈にスタンリーを批判したのは、フォックス・ボーンの著作『エミン・パシャ救出遠征隊の裏側（*The Other Side of the Emin Pascha Expedition*）』（一八九一年）だった。こうして議論が出尽くすと、スタンリーとその遠征隊の上に、気まずい沈黙が降りつもった。

41

なにより沈黙に包まれていたのは、エミンのことだった。

スタンリーはアフリカですでに、自分が救出のためこんなにも多くの命を犠牲にした男は高貴なパシャでもなんでもなく、シレジア地方出身の頑固なユダヤ人であったという事実を知り、愕然としていた。

スタンリーはエミンに同行を強いることはできたが、人前に出ることまでは強制できなかった。エミンは帰路のあいだ、ひとことも口をきかないことで抗議の意を示した。バガモヨでの歓迎会で、彼はひそかに食卓を離れ、その後バルコニーの下の街路で、石畳に頭をぶつけて頭蓋にひびの入った状態で発見された。エミンは病院に運ばれ、スタンリーの凱旋行列は旅を続けた。

スタンリーが一八九〇年四月、エミンを救出したとしてブリュッセルとロンドンで喝采を浴びているあいだ、エミン本人はバガモヨの病院に入院したまま忘れ去られていた。ある夜、彼はこっそり病院を抜け出し、目はろくに見えず耳もあまり聞こえない状態で、〝自分の〟州へ戻るべく歩きはじめた。

一八九二年十月、ヨーロッパでのスタンリー・フィーバーはすっかり冷め、エミンも自宅に帰り着いていた。そこでダルヴィーシュが彼を見つけ、首をかき切った。

ほんの数年前、エミン・パシャの〝救出作戦〟はヨーロッパでヒステリックなほどの注目を集めていた。だが、いま、彼の死に目を向ける人はだれもいなかった。

42

それから六年が経った一八九八年十月、ゲオルク・シュヴァイツァーによる『エミン・パシャ——日記、手紙、学術記録、公的書類から見た、その人生と業績（*Emin Pascha, His life and work, compiled from his journals, letters, scientific notes and from official documents*）』が刊行された。エミンの物語をはじめて本人の視点から語った本だ。

この本は十月から十一月にかけて広く宣伝され、詳しい書評も発表された。十二月、コンラッドは『闇の奥』を書きはじめた。

スタンリーがエミンを救うためにコンゴ川を上ったのと同じく、コンラッドの小説のマーロウもクルツを救うためにコンゴ川を上る。

だが、クルツは救出されたいと思っていない。彼は暗闇に消え、這ってでも〝自分の〟民のもとへ戻ろうとする。エミンも同じだった。

クルツはエミンの似姿ではない。むしろ逆で、コンラッドの小説ではエミンの好ましい部分が全部、救う側、マーロウのものになっている。怪物はむしろ救われる側、クルツのほうで、彼にはスタンリーの特徴が反映されている。

スタンリーにも〝許嫁〟ドリーがいて、彼女は望んだとおりの嘘を聞かされた。彼女だけではない。白人の世界全体が、望んだとおりの嘘を聞かされていた。いまもそれは同じだ。

『闇の奥』の最後で、マーロウもクルツの許嫁に嘘をつくが、彼はスタンリーと同じことをしただけではない。コンラッドがこの小説を書いていたころに、周囲でイギリス社会がしていたのと、同じことをしたのだ。だれもが嘘をついていた。

43

歴史は繰り返しを好む。一八九八年秋、スタンリーがまたもやカムバックを果たした――今度は、キッチナーという名で。[22]
ホレイショ・ハーバート・キッチナー将軍、駐エジプト軍〝司令官《サーダー》〟と呼ばれた彼は、スタンリーができなかったことを成し遂げた。ダルヴィーシュに勝利し、〝スーダンを救った〟のだ。
一八九八年十月二十七日、キッチナーはドーヴァーに到着した。スタンリーが帰国したときと同様、彼を讃えておおぜいの群衆が集まった。スタンリーと同じく、彼も特別列車でロンドンに向かい、ヴィクトリア女王との謁見も果たした。歓迎昼食会でキッチナーは、ダルヴィーシュに勝利したことで、ナイル渓谷全体に〝商業会社による文明開化〟の可能性がひらけてきた、と宣言した。

スタンリーもまた、コンゴ川について、まったく同じことを言っていた。

それから五週間、熱に浮かされたような祝宴が続いた。スタンリーが名誉博士号を得たケンブリッジ大学で、キッチナーも十一月二十四日に同じ称号を受けた。反対した知識人数人が服を着たまま川に投げこまれ、そのあいだに司令官《サーダー》を讃えて花火が打ち上げられた。キッチナーはエディンバラに移動し、そこでも十一月二十八日に名誉博士号を授けられた。それからも全国各地で祝賀行事が続いた。

スタンリーの帰還のまたとないコピーだったと言ってさしつかえないだろう。エミン・パシャ本人の日記を載せた本、前回の興奮の無意味さを示した本の刊行を告知し、書評を載せたのと同じ雑誌、同じ号に、またもや大衆の歓声が響きわたった。喝采は鳴りやまず、空虚なフレーズがこだました。

オムドゥルマンの戦いでのキッチナーの勝利に、疑問をさしはさむ人はひとりもいなかった。一万一千人のスーダン人が戦死した一方で、なぜイギリスのほうは四十八人しか失わずにすんだのか、問いかける人はひとりもいなかった。怪我を負ったスーダン人一万六千人のうち、生き延びた者がほとんど、あるいはひとりもいなかった理由を、考えようとする人はひとりもいなかった。[23]

だが、ポーランド出身のジョゼフ・コンラッドという亡命作家は、ケント州のペント・ファームで、取りかかっていた小説の執筆を中断して、代わりにクルツの物語を、「すべての野蛮人を根絶

上の絵：〝スーダン戦役の暗い一面——怪我を負ったダルヴィーシュの処分〟。
下の絵：〝その理由〟『ザ・グラフィック』紙、一八九八年十月一日。

やしにせよ」という彼の言葉についての物語を書きはじめた。

44

日差しの中に出て息を吸うと、口の中になだれこんでくる空気があまりにも熱い。子どものころ、食事のときに気持ちがはやりすぎて湯気が止まるのも待てず、すぐさま大量にほおばるものの、口の中が熱くて耐えられなくなり、きんと冷えた牛乳をやはり大量に飲んで口内を冷やさなければならなかった、あのときの感触に似ている。

ここでは、息をするたびに必要な冷たい牛乳は、いったいどこにあるのだろう?

45

オムドゥルマンの戦いで、スーダン側の軍勢は、敵を射程内に入れることすら一度もできずに全滅した。

遠くから人を殺すのは、早くからヨーロッパの得意技となっていた。十七世紀、ヨーロッパの沿岸諸国で軍拡競争が繰り広げられ、海軍は本国から遠く離れた戦略目標をも攻撃できるようになった。難攻不落だった要塞ですら、大砲で打ち砕くことができる。ましてや身を守るすべを持たない村が相手となれば、威力は抜群だった。

産業革命以前のヨーロッパには、世界のほかの地域が欲しがるものなどあまりなかった。われわれの最大の輸出品は、暴力だった。当時のヨーロッパ人は外の世界から、モンゴル人やタタール人と同じ、あちこちへ移動する戦闘民族とみなされていた。彼らは馬の背に乗って力をふるったが、われわれは船の甲板から君臨した。[24]

高度な文明を誇る民族でも、ヨーロッパの大砲にはほとんど対抗できなかった。インドのムガル帝国は、大砲の砲火を耐え抜ける船も、重い大砲を搭載できる船も持っていなかった。そこで自ら艦隊を築きあげる代わりに、ヨーロッパの国々から防衛サービスを買い入れる道を選んだ。これが仇となって、ほどなくムガル帝国はヨーロッパ各国にインドを乗っ取られることとなった。

中国人は十世紀に火薬を発明し、十三世紀半ばには最初の大砲をつくりあげた。が、住んでいる地域でとくに脅威を感じていなかったので、十六世紀半ば以降は海軍の軍拡競争にも参加していなかった。

こうして十六世紀、発展が遅れていて資源にも乏しかったヨーロッパが、遠くからでも死と破滅をもたらす大砲を載せた船の専売特許を獲得するに至った。ヨーロッパ人は大砲の神となり、敵の武器の射程内に入るはるか前から、殺戮を繰り広げられるようになったのだ。

それから三百年後、大砲の神たちは世界の三分の一を手に入れていた。彼らの覇権をなにより支えていたのは、軍艦に搭載された大砲の力だった。

46

とはいえ、十九世紀初頭の時点ではまだ、人の住む世界の大部分は艦砲の届かないところにあった。

したがって、ロバート・フルトンが蒸気船でハドソン川をさかのぼることに成功したのは、軍事的にきわめて重要な発明だった。やがてヨーロッパ各地の川に何百もの蒸気船が登場した。そして十九世紀半ば、蒸気船はヨーロッパの大砲をアジアやアフリカの奥地へと運びはじめた。帝国主義の歴史における新たな時代が、こうして始まった[25]。

それはまた、人種主義《レイシズム》の歴史における新たな時代の幕開けでもあった。軍事的な優位を、知的な優位、果ては生物学的な優位だとまで解釈するヨーロッパ人が、あまりにもたくさんいた。

ギリシャ神話では、復讐の女神、高慢と思い上がりを罰する女神の名を、ネメシスという。じつに深遠な歴史の皮肉というべきか、一八四二年にイギリスの軍艦を牽引して黄河と京杭大運河をさかのぼり、北京をめざした最初の蒸気船もまた、ネメシスという名だった。

蒸気船はやがて、軍艦を牽引するタグボートとして使われるのではなく、自ら艦砲を搭載するようになった。〝砲艇〟はナイル川、ニジェール川、コンゴ川など、あらゆる大河で帝国主義の象徴となり、ヨーロッパ人はこのおかげで、それまで手の届かなかった広大な土地を、武力をもって支配できるようになった。

蒸気船は光と正義をもたらすものとして描かれた。マグレガー・レアードは『ニジェール川を通じてアフリカの奥地へ向かった探検隊の物語（*Narrative of an Expedition into the Interior of Africa by the River Niger*）』（一八三七年）で、こう書いている――蒸気機関の発明者たちが、地上での成功を天国から眺めることができたとしたら、その応用分野の中で彼らがなによりも満足するのは、何百隻もの蒸気船が「この地球上の暗い、暴虐に満ちた場所に、人々への善意と平和をもたらしている」ことだろう、と。

公にはこうした美辞麗句が飛び交っていた。オムドゥルマンの戦いで明らかになったのは、砲艇にも安全で快適な場所から敵を殺す力があること、神のごとくはるか遠いところから敵を全滅させる力があることだった。

47

第三世界の銃器は十九世紀半ばまで、ヨーロッパのそれにひけをとらなかった。標準的だったのは、ライフリングのない前装式かつフリントロック式のマスケット銃で、アフリカでは村の鍛冶職人にもつくれるものだった。

マスケット銃は、その轟きをはじめて耳にする人々にとっては、じつに恐ろしい武器だった。が、射程はわずか百メートル。発砲してからふたたび弾を込めるのに、少なくとも一分はかかった。空気が乾燥していても三割は不発に終わり、雨が降れば銃そのものが機能しなくなった。

この時点ではまだ、巧みな弓の射手のほうがすばやく安全に、かつ遠くまで狙い撃つことができた。劣っていたのはただ一点、鎧を貫通できないことだけだった。

というわけで、十九世紀前半の植民地戦争は長引き、費用もかさんだ。フランスは十万人規模の軍隊をアルジェリアに配置したが、それでもゆっくりとしか進軍できなかった。双方の歩兵隊の武器が完全に互角だったからだ。

だが、銃用雷管の登場で、マスケット銃の不発は千発のうちわずか五発という割合になった。命中精度も銃身のライフリングで改善された。

一八五三年、イギリスは古いマスケット銃の代わりにエンフィールド銃を使いはじめた。五百メートルの距離があっても有効で、弾が紙製薬莢に入っているのですばやく発砲できる。フランスも似たような銃を導入した。どちらも最初は植民地で使われた。

だが、これでもまだ銃のスピードは遅く、扱いも難しかった。撃つと煙が出るので、撃った人間の居場所がばれてしまう。紙製薬莢はデリケートで、湿気を吸いこむ。兵士は弾を込めなおすときに立っていなければならなかった。

プロイセンは前装式の銃に代わって、後装式のドライゼ銃を使いはじめた。この銃の威力がはじめて発揮されたのは、一八六六年、ドイツ統一の主導権をめぐる普墺戦争でのことだった。サドヴァーの戦いで、オーストリア軍が立って弾を込めて一発撃っているあいだに、プロイセン軍はドライゼ銃で、地面に伏せたまま七発も発砲することができたのだ。結果は火を見るよりも明らかだった。

こうしてヨーロッパ各国は競うようにマスケット銃の使用をやめ、後装銃を使うようになった。

イギリスは紙製薬莢をもとに真鍮製の薬莢を開発した。これで輸送中も火薬は保護され、発砲時の煙は閉じこめられ、ドライゼ銃の三倍もの距離まで弾が飛ぶようになった。

一八六九年、イギリスはエンフィールド銃を放棄し、マルティニ・ヘンリー銃に移行した。新世代の銃の中でも、最初の真にすぐれた銃だ――すばやく発砲でき、精度が高く、湿気や衝撃にも強い。フランスはグラース銃で、プロイセンもマウザー銃であとに続いた。

こうしてヨーロッパは、ほかの大陸の、考えうるありとあらゆる敵よりも優位に立った。武器の神々が、さらに世界の三分の一を征服した。

48

このように新たな銃が登場したことで、たったひとりでアフリカに赴いたヨーロッパ人であっても、ほぼ無限と言っていいほどの残虐性を発揮できるようになり、しかもそれで罰を受けることもなかった。ドイツ領東アフリカを創設したカール・ペータースは、『暗いアフリカを照らす新たな光〔これは英語版とスウェーデン語版の題で、ドイツ語の原題は *Die deutsche Emin-Pascha Expedition*（ドイツのエミン・パシャ遠征隊）〕』（一八九一年）で、彼がゴゴ族を服従させた際の経緯を語っている。

族長の息子がペータースの野営地にやってきて、「いっさい臆することなく」テントの入口に立った。「そこをどけと告げても、彼はニヤリと笑って応えただけで、意に介さずその場にとどまっていた」

そこでペータースはカバ皮の鞭で彼を打ちすえるよう命令した。悲鳴を聞いたゴゴ族の戦士たちが駆け寄り、彼を救い出そうとした。ペータースはその〝群れ〟に銃を向け、ひとりを殺害した。

三十分後、スルタンが使者をよこして和平を求めてきた。

「スルタンが平和を求めるというならくれてやろう、ただし永遠の平和をだ。ゴゴ族にドイツ人たるものを見せてやる！――村を略奪せよ、家々に火を放て、燃えないものはすべて粉々にしてやれ！」

家々にはなかなか火がつかず、斧で砕かなければならなかった。そうしているあいだにゴゴ族が集まり、自分らの家を守ろうとした。ペータースは部下にこう告げる――

「『きみらに見せてやろう、われわれの目の前にいるのがどんな連中か。ここにいなさい、私がひとりでゴゴ族を追い払ってみせる』

私はこう言い、雄叫びをあげながら近寄った。すると何百人もが羊の群れのごとく逃げ去った。

この一件に言及するのは、われわれの状況がまるで英雄的なものであったかのように見せたいからではない。ただ単に、アフリカ人全般がどんな連中であるかを明らかにし、アフリカ人の戦闘能力や、彼らを屈服させるのに必要とされる手段に関して、われわれがヨーロッパでどれほど大げさな思い込みを持っているかを示すためだ。

三時ごろ、私はさらに南にあるほかの村へ進んだ。どこでも同じ茶番が繰りひろげられた！

ゴゴ族は少し抵抗しただけで逃亡する。家々にたいまつが投げこまれ、炎では足りなかったすべてを破壊するために斧が働く。こうして四時半には十二の村が焼き払われていた……あまりにもたくさん発砲したので、銃がすっかり熱くなって持っていられないほどだった」

ペータースは村々を去る前、これでおまえたちも私のことを少しはわかっただろう、とゴゴ族に伝えたという。おまえたちがひとりでも生きているかぎり、焼けていない村がひとつでもあるかぎり、奪える斧がひとつでもあるかぎり、ここにとどまるつもりだ、と。

するとスルタンが、和平の条件を知らせてほしいと求めてきた。

「私は和平など求めてはいないとスルタンに言ってやれ。ゴゴ族は嘘つきだから、地上から根絶やしにしなければならない。だが、スルタンがドイツ人の奴隷になりたいと言うなら、スルタンもその民も生かしてやらないこともない」

夜明け、スルタンは雄牛三十六頭などの貢ぎ物をよこしてきた。「これを受けて、私はようやく納得し、スルタンがドイツの支配下に置かれる旨の協定を結んでやることにした」

新たな武器の助けを得て、植民地侵略はきわめてコスト効率のよい事業となった。必要とされる費用はほぼ、人を殺すための弾薬代にかぎられていた。

カール・ペータースは彼が征服した地域で国家弁務官に任命された。一八九七年春、彼はベルリンで裁判にかけられた。イギリスの新聞でも大いに注目されたスキャンダラスなこの裁判で、彼は黒人の愛人を殺したかどで有罪を宣告された。とはいえ、殺したことを罰せられたのではない。性的関係をもったことのほうが問題だった。ドイツ領東アフリカを征服する際にペータースがおこなった無数の殺人は、ごく自然なこととみなされ、いっさい罰せられなかった。[26]

49

そのすぐあとに、またもや新世代の武器が登場した——連発機構をそなえた銃だ。一八八四年にはフランス人のヴィエイユが、ニトログリセリンなどを基剤とした、爆発しても煙や灰を出さない火薬を発明したので、兵士たちは自分の居場所を明かさずに射撃を続けられるようになった。爆発力が増したこと、湿気に対して比較的強いことも長所だった。マスケット銃の口径は十九ミリだったが、これが八ミリにまで縮小され、命中精度が劇的に向上した。

無煙火薬とともに機関銃も登場した。ハイラム・S・マキシムは、携行しやすく一秒あたり十一発放つことのできる全自動式機関銃を製造した。イギリスは早い時期から植民地の部隊に自動銃を支給していて、一八七四年にはアシャンティ王国〔現在のガーナ内陸部にあった王国〕に対して、一八八四年にはエジプトでこれを使用した。

同時に、ベッセマー法などの新しい製法で鋼が安価になり、銃の大量生産に使うことができるようになった。アフリカやアジアの鍛冶職人にはもう、新型の銃の複製をつくることができなくなっていた。必要とされる原材料、つまり工業生産された鋼がなかったからだ。

一八九〇年代末、銃の革命は終了した。ヨーロッパのどこの国の歩兵部隊も、敵に見つかることなく伏射ができるようになった。どんな天候でも関係なく、一キロメートル以下の距離であれば、標的に向けて十五秒で十五発の銃弾を放つことができた。

とくに新たな弾薬は、熱帯の気候で大いに役立った。だが、そのような銃弾を使ったからといって、かならずしも〝蛮人〟がこちらの思惑どおりに怖がってくれるとはかぎらない。四、五発が命中したあとでも、止まらずに突撃を続けてくることが多かった。

解決策となったのが、ダムダム弾だ。カルカッタ〔現在の名称はコルカタ〕郊外のダムダムに工場があったことからこのように命名され、一八九七年に特許が取得された。ダムダム弾の弾芯は鉛で、命中時に被甲が破裂するので、激しい痛みをもたらし治癒もしにくい大きな傷になる。〝文明国〟のあいだでは使用が禁止され、大物猟と植民地戦争のみに限定された。

一八九八年のオムドゥルマンの戦いでは、砲艇、自動銃、連発銃、ダムダム弾など、ヨーロッパが新しく手に入れたありとあらゆる軍備が、数のうえでは優位にある、恐れも迷いもない敵に対して、はじめて使用された。

歴史的にも稀な朗らかさで戦記を著し、のちにノーベル文学賞を受けたウィンストン・チャーチルは、『モーニング・ポスト』紙の特派員としてオムドゥルマンの戦いに同行していた。彼の自伝『わが半生』（一九三〇年）に、この戦いのことが記されている。

「オムダマーン〔オムドゥルマンの別表記〕の戦闘のようなものは、もう二度と見られないであろう」とチャーチルは書いた。「それは戦というものに妖しい美しさを添えて来たところの、かの光彩陸離、華麗豪華、遠い昔からおこなわれて来た合戦なるものの最後の名残りであったからだ」

蒸気船と、新たに敷設された鉄道のおかげで、ヨーロッパ人は砂漠でもありとあらゆる種類の食料にありついていた。

「おいしそうな酒瓶が幾本となくおかれ、大盤に盛った牛缶、寄漬〔ピクルス〕が出された。今やまさに修羅場と化さんとするこの荒野にあたかも魔法でも使ったかのように、これら御馳走の現れたのを見て、私の胸は非常な感謝の念に溢れた。——平素食前の祈祷をあげる時の気持ちよりははるかにおおきい感謝の念に」

「私は一意専心、牛缶と冷たい飲料に向かって攻撃した。誰も彼も元気旺盛であり、上機嫌であった。ダービー競馬の前の食事そっくりであった。……『本当に戦闘はあるんでしょうか?』……『ここで今一時間か二時間のうちに』」

なかなか気持ちのよいひとときだ、とチャーチルは思ったようで、迷うことなく食事を続けた。

「もちろん勝敗はすぐ決する。もちろんわれわれは彼らを薙ぎ倒すであろう」

だが、その日は戦闘にならなかった。代わりに全員が夕食の準備に集中した。砲艇が近づいてきて、「汚点のない純白の制服に身を固め」た将校たちが、シャンパンの大きなボトルを岸に向かって投げてよこした。チャーチルはひざまで水に浸かってこの高価な贈り物を受け取り、意気揚々とそれを携えて食事の場に戻った。

「この時のような戦争には何ともいえぬおもしろさがあった。それは世界大戦の時とは違っている。誰も自分が戦死するとは思っていない」

「この呑気な時代、イギリスがおこなった幾度かの小戦争に参加した者にとっては、それはこの素晴らしいゲーム中のスポーツ的要素に過ぎなかった」

51

残念ながら、イギリス軍はこの素晴らしいゲームをなかなか楽しめなかった。敵のほうが、最新型の武器に抗うのは無駄だとあっという間に学んでしまったからだ。敵を皆殺しにする楽しみを味わう前に、さっさと降伏されてしまう。

一八七四年から一八七六年まで、最初のアシャンティ遠征でイギリス軍を率いたガーネット・ウォルズリー卿は、抵抗に遭って大いに楽しんだ。「敵への攻撃が、これを実際におこなう前から与えてくれる愉悦の大きさは、自ら経験しないかぎりわからないものだ……ほかのどんな感覚も、ビッグ・ベンの轟きに比した呼び鈴の音でしかない」[27]

ところが、一八九六年の第二次アシャンティ遠征になると、そのような経験をする機会はなかった。首都のクマシから二日間行軍しただけで、先遣隊のリーダー、のちにボーイスカウト運動を創設するベーデン＝パウエルのもとに、無条件降伏を申し出る特使が現れたのだ。

ベーデン＝パウエルは先住民に向けて一発も発砲することができず、落胆した。イギリス軍は相手の敵意を煽ろうと、極端な挑発行為に乗りだした。アシャンティ王は一族もろとも拘束された。王とその母は四つん這いになってイギリス軍の将校たちにすり寄るよう強要され、将校たちはビスケットの箱の上に座ってその服従のしるしを受け止めた。

『闇の奥』には、ハーレクィンがこう語る場面がある——原住民の族長たちはいつも、彼らが崇める神、クルツに這いつくばって近寄っていく、と。マーロウはこれに激しく反応する。ぎょっとして、そんな作法の話なんか聞きたくない、と叫ぶ。四つん這いになった族長たちを想像するのは、彼にとって、クルツ宅を囲む杭の先で、殺された人の首が干からびていくのを見るよりも、さらに耐えがたいことであるようだ。

もっとも、『闇の奥』が書かれた二年前にクマシでおこなわれた恭順の儀式の絵を見ると、このような反応にも納得がいく。新聞や雑誌に大々的に掲載されたこれらの絵には、敵をとことんまで辱めることをためらわない、人種主義に根ざした高慢さが、余すところなく表現されている。

このときイギリス軍は結局、武器を使うチャンスを一度も得られなかった。彼らはがっかりして沿岸部に戻った。「あの遠出はじつに楽しかった」ベーデン＝パウエルは母親にそう書き送った。

「彼らは四つん這いになって近寄った」。プレンペー王の服従。
『イラストレイテド・ロンドン・ニュース』紙、一八九六年二月二十六日

プレンペー王の服従。最後の屈辱。
『ザ・グラフィック』紙、一八九六年二月二十九日

「ただ、結局戦闘にならなかったのが残念です。そのせいで勲章も受けられません」[28]

52

とはいえ、挑発が功を奏することもときにはあった。[29]

ベニン川の河口地域に駐在していたイギリスの領事たちは、ベニン王国を征服するべきだと何年も主張してきた。商業的に必要なことだし、遠征費用はベニン王が蓄えている象牙を略奪すればまかなえる。だが、イギリス外務省はそれでも費用がかかりすぎると考えた。

一八九六年十一月、フィリップス領事代理がまたもや征服を提案した。一八九七年二〜三月の攻撃に向け、食料や弾薬の準備もできていた。一月七日、外務省の返答が届いた。今回も同じ、否という答えだった。

ところが、フィリップス中尉はすでに念には念を入れていた。一月二日、白人九人とアフリカ人運搬人二百人をともない、ベニン王への表敬訪問に向かっていたのだ。

早くも同日夜にはベニン王国の使者が彼らを迎え、王は一年に一度の宗教行事にともなう儀式で忙しいので、訪問を一か月延ばしてほしい、と伝えてきた。

フィリップスはそのまま進んだ。

翌日の夜、ベニン王国から新たな代表者がやってきて、どうか引き返してほしいと白人たちにあらためて求めた。フィリップスはあえて相手を辱めるため、王に自分のステッキを送りつけ、そのまま進んだ。

その翌日である一月四日、一行は待ち伏せされ、白人八人とその運搬人が殺された。

一月十一日、〝ベニンの惨事〟の知らせがロンドンに届いた。新聞各紙は怒りに沸きたち、復讐を求めた。フィリップス中尉が十一月にはもう委細にわたって練りあげていた、だが許可の下りていなかったベニン攻撃計画が、いま、彼の仇討ちのための懲罰遠征として実現することとなった。

すさまじい抵抗に遭いながらも、イギリス軍は二月十八日にベニンシティを占領。街は略奪され、焼き尽くされた。

ベニン王国で暮らしていた人々のうち、イギリス軍によっていったい何人が殺されたのか、調査されたことは一度もない。挿絵入りの新聞や雑誌はむしろ、ベニン王の人身御供を誇張してセンセーショナルに伝えた。地面に散らばった頭蓋骨が、春先に咲き誇るヤブイチゲのように白く、点々と輝くさまが描かれ、ベニン王国の住人がだれひとりとして自然死を迎えていない証拠である

〝口にするのも憚られる儀式〟。ベニンにおけるゴルゴタの丘。『イラストレイテド・ロンドン・ニュース』紙、一八九七年三月二十七日

とされた。R・H・ベーコン大尉の著書『ベニン――血の街（*Benin – The City of Blood*）』（一八九七年）では、腹を裂かれて磔《はりつけ》にされた人々が描かれ、だからこそ文明社会はベニンを征服したのだと示唆された。

この二年後にジョゼフ・コンラッド『闇の奥』を読んだ最初の読者たちは、クルツが自分を神のごとく崇めさせ、黒人たちの「口にするのも憚られる儀式」に参加していた、という箇所を読んで、ベニンを描いた絵を思い浮かべたことだろう。あたりに漂う血の臭い、死者も生者も一緒くたに投げこまれた集団墓地、固まった血に覆われた神像の描写を、きっと思い出したにちがいない。

これらの〝神像〟はいま、世界の芸術の中でも抜きん出た傑作とみなされている。だが当時のイギリス人は、マスメディアが描き出したベニン、黒人たちの地獄というベニンのイメージがあまりにも強烈すぎて、現地の彫刻の芸術的な価値を見きわめることができなかった。これらは懲罰遠征の費用をまかなうため、珍品としてロンドンで売りに出され、ドイツの博物館に安値で買い取られた。

53

自分の国の首都が炎に包まれる中、森に棲まう野生動物よろしく追いまわされたベニン王は、いったいどんな気持ちだっただろう？　這いつくばってビスケットの箱に近づき、英国貴族のブーツに口づけさせられたアシャンティ王は、いったいどんな気持ちだっただろう？

磔にされた人身御供。R・H・ベーコン大尉『ベニン——血の街』（一八九七年）より

だれも尋ねはしなかった。神々の武器に屈した彼らに、耳を傾ける者はひとりもいなかった。ただ、彼らの声が聞こえてくることも、わずかながらないわけではない。

一八八〇年代末、イギリス南アフリカ会社が、現在のジンバブエの一部にあたるマタベレランドに南から侵入した。一八九四年、マタベレ人〔現在はンデベレ人と呼ばれる〕は敗北した。イギリス南アフリカ会社は彼らの牧草地を白人の投機家や冒険家に分け与え、家畜を二十万頭から一万四千頭まで減らし、マタベレ人が武器を持つことを禁じた。白人の殺戮部隊が跋扈し、人々は略式裁判で裁かれ、労働力は強制的に徴発され、抗議した人はみなただちに射殺された。

一八九六年に暴動が起こった。イギリス南アフリカ会社は軍の部隊を呼び寄せた。ベーデン＝パウエルも参加していて、ついに〝力試し〟ができると喜んだ。相手は〝訓練を受けた兵士が相手では傷のひとつもつけられそうにない〟敵だ。

彼の部隊は最初の戦闘で早くも〝原住民〟を二百人殺した。ヨーロッパ人の戦死者はひとりだけだった。[30]

人を殺すのは、じつに簡単で、じつに楽しいことだった。

だが、このケースはそれでも高くつきすぎた。軍が会社の求めに応じたということで、軍事行動の代金を会社に請求したのだ。戦闘が何か月か続いたところで、会社は早くも破産の危機に瀕した。そこで和平のため、ローズ〔セシル・ローズ（一八五三～一九〇二）植民地政治家。ローデシア（現在のザンビア・ジンバブエ地域）は自分の名をもとに彼が命名した地名〕をはじめとする白人指導者たちは一八九六年八月二十一日、はじめて黒人に耳を傾けざるをえなくなった。

54

「私はあるとき、ブラワヨを訪れた」とソマブラノは言った。

「行政官に敬意を表するためだ。臣下や使用人も連れていた。私は族長だ、従者や顧問とともに旅をすることに慣れている。ブラワヨに着いたのは早朝、まだ日差しで朝露が乾ききっていないころで、私は裁判所の前で腰を下ろし、使者を出して表敬訪問に参った旨を行政官に伝えさせた。それからずっと同じ場所に、夕方になって影が長くなるまで座っていた。そこでもう一度、行政官に使者を送り、急かす失礼をするつもりはない、会っていただけるまで待つつもりだ、しかし従者たちが腹をすかせている、逆に白人が私のもとを訪れるときには、私はなにかを屠って供するようにしている、と伝えた。行政官からの返答はこうだった。街には野良犬があふれかえっている、犬には犬がふさわしい、つかまえられるのなら好きなだけ殺して食べるがいい……」

黒人を射殺しても、犬を撃ったのと同じで、危険はないし、罰を受けることもない。したがって、黒人は犬である——そういう理屈だった。

グレイ伯爵〔アルバート・グレイ（一八五一～一九一七）南ローデシア行政官を務めた〕の牧師だったビー

オムドゥルマンの戦い。「機関銃と歩兵隊が彼らを殲滅した。死の砲火で大隊が全滅に追いこまれた」『ザ・グラフィック』紙、一八九八年九月二十四日

ラー師は、黒人を根絶やしにするべきだと信じて疑っていなかった。「あの人種の未来に向けた唯一の道は、全員を殺すことだと彼は言っている。十四歳以上なら、男も女も、全員だ！」と、グレイは一八九七年一月二十三日、妻に書き送った。

彼自身は、そこまで悲観的な結論を受け入れたくなかった。が、民族を根絶やしにしようという思想は、ごく手近なところにあった。白人世界のマスメディアが繰り返し訴えつづけていたからだ。

アフリカのリーダーたちは、自分の民が根絶やしにされるかもしれないという危険を重々承知していた。ソマブラノも和平交渉の席での演説で、絶滅の脅威を話題にしている。

「あなたがたはここに来た、あなたがたは勝利した。だれより強い者が土地を手に

オムドゥルマンの戦い。近接戦であったかのように描かれているが、実際にはイギリス軍から三百メートル以内の距離まで近づけたスーダン人はひとりもいなかった。

入れる。われわれはあなたがたの支配を受け入れた。あなたがたの下で生きている。だが、犬として生きてはいない！　犬になるぐらいなら死んだほうがましだ。アマンダベレ人を犬にすることはできない。あなたがたは、われわれを根絶やしにできるかもしれない。だが、星の子はけっして犬にはならない[31]」

55

アフリカの抵抗勢力の中でもっとも規模が大きく、軍事的にも最強だったマフディー運動が、オムドゥルマンで粉砕された。この戦いを追うのに最適な本は、チャーチルが実際にそれを経験した直後に書いた本『河畔の戦争（*The River War*）』（一八九九年）だ。一八九八年九月二日、こんなことがあった——

「白旗はサーガムの丘をほぼ上りきっていた。一分もすれば砲兵隊の目に入るだろう。いったいなにが待ち受けているか、彼らは理解しているのだろうか。ひしめきあってずらりと並び、野戦砲兵隊や砲艇から二千五百メートルのところを進んでいる。距離は把握した。あとは砲を調節するだけだ。

迫り来る恐ろしい光景に、全員の注意が向けられている。数秒後にはほんの一瞬で、この勇者たちが破滅を迎えるだろう。彼らはついに丘の頂上を越え、われわれの軍の前に姿を現した。

白旗のせいでなにより目立つ。われわれの野営地を見つけると、彼らはすさまじい轟音とともに発砲を始め、歩みを速めた。それからしばらくのあいだ、白旗の隊列は秩序正しく進み、そうして全部隊が無防備にも砲火の射程内に入った……

すぐに砲弾がざっと二十ほど彼らを襲った。空中で爆発したものも、彼らの顔に命中したものもあった。一部は地面にめりこんでそこで爆発し、砂や破片、弾を隊列の中へ放りこんだ。白旗が下がってあらゆる方向を向いたが、すぐにまた高々と掲げられた。マフディーの聖なる大義に殉ずるため、真なる預言者の信徒を守るため、新たな男たちが進み出てきたからだ。それは恐ろしい光景であった、というのも、彼らはわれわれにまだ一切の損害を与えていないのであり、反撃できずにいる敵をこれほど残酷な形で倒すなど、あまりにも不当な優位である気がしてならなかった」

とりわけ最後の一文に、この描写の古臭さがありありと表れている。名誉やフェアプレーの概念も、勇敢に散りゆくことへの感嘆も、すでに時代遅れだったが、この時点ではまだ、技術のすぐれているほうには敵を全滅させる当然の権利がある、たとえその敵が身を守るすべを持たなくとも、という新しい考え方にすっかり置き換わってはいなかった。

56

「われわれの陣から七百メートル離れたあたりで、隊列を乱した戦士たちがこちらへ向かっていた。容赦を知らない砲火の雨の中を、死に物狂いで前進していた」とチャーチルは続ける。

「白旗が揺れては倒れ、何十もの白い人影が次々と地面にくずおれた……

敵ははるか遠くにいたので、われわれの歩兵隊は焦りも興奮もなく、冷静に、規則正しく発砲した。みなが自身の任務に関心を寄せ、全力を尽くしてもいた。それでもなお、このように機械的に発砲を続けるのが、だんだん単調に思えて来た……

銃が熱くなった——過熱状態になり、予備中隊の銃と交換しなければならなくなった。機関銃の冷却水も切れてしまい……空薬莢がカラカラと音をたてて地面に落ち、兵士ひとりひとりの周囲にほどなく山ができて、どんどん高さを増していった。

それでも向こうの平原では、震える肉に銃弾が食いこみ、骨が砕き割られ、おぞましい傷口から血が噴き出していた。ヒュウヒュウとうなる金属、破裂する砲弾、あたりを舞う砂埃の地獄を抜けて、勇敢な男たちが突進を続け——そうして苦しみ、希望を失い、死んでいった」

チャーチルは敵の状況に感情移入しているが、その共感は——湾岸戦争でのシュワルツコフ将軍の勝利のあとで、われわれはこの点を思い出すべきだろう——必死になって戦場から逃げようとしている敵に対するものではなかった。むしろそれは、まだ攻撃をやめていない敵、阻止しなければほどなく優位に立つであろう敵への共感だった。カリフはこの正面攻撃に一万五千人を投入していた。チャーチルはこの攻撃計画を、考え抜かれていて賢明だと評価していたが、一点だけ、決定的な瑕疵があった——最新型の武器の威力を致命的なほどに過小評価した計画だったのだ。

「夜明けに出撃した際には希望と勇気に満ちあふれていたダルヴィーシュの大軍だが、いまとなっては完全に秩序を失い、エジプトの騎兵隊に追われ、槍騎兵たちに襲われて逃げまどっていた。九千人を超える死者が放置され、さらに多くの怪我人がそのまま戦場に置き去りにされた。

こうしてオムドゥルマンの戦いは終わった——科学の武器が未開人を打ち倒した、かつてないほど目覚ましい勝利であった。ヨーロッパ列強に対抗したアフリカの蛮人の中でも最強であり、かつ最良の武器をそなえていた軍隊も、たったの五時間であっさりと、勝者の側にほとんど損失をもたらすことなく打倒され、逃亡させられたのだった」

57

一八九八年十月の数週間は、オムドゥルマンの戦いでの勝利がヨーロッパでの大規模戦争につながるかに見えた。[32] フランスがオムドゥルマンの南の小さな前哨地、ファショダから頑として動かず、キッチナーが獲得した戦利品の分配に自分たちも参加させろと言ってきたのだ。両国の愛国的なメディアは来る日も来る日も競いあって特大の砲を放ちつづけ、ヨーロッパは徐々に深淵へと近づいていった。

ところが、ついに十一月四日、ロンドンでおこなわれ、キッチナーが戦勝の記念品——ちなみに怪物的と言っていいほど趣味の悪い金の剣だ——を受け取った盛大な祝賀晩餐会の最中に、フランス側が譲歩したという知らせが届いた。ファショダ危機は去った。イギリスはだれの目にも明らかな超大国の座にとどまり、帝国主義の偉大な詩人、ラドヤード・キプリングはこう書いた——

白人の責務を果たせ
一族のすぐれた者を送り出せ
異郷へと息子を放ち
虜囚のために働かせよ[33]

58

キプリングが「白人の責務」を書いたのと同じころに、ジョゼフ・コンラッドは『闇の奥』を書いた。文学の形で帝国主義イデオロギーを表現した重要な作品が、同時に、互いの対極として文芸界に現れたのだ。どちらもオムドゥルマンの戦いに影響を受けて書かれたものだった。コンラッドはすでに『文化果つるところ』（一八九六年）で、軍艦の大砲で撃たれる側の経験を描いている。ババラッチの周囲の地面は血でぬめり、家々は炎に包まれ、女たちが叫び、子どもたちが泣き、瀕死の人々があえぐ。彼らは無力なまま、「敵の姿を見ないうちに射ち倒された」。彼らがどんなに勇敢であっても、目に見えず手の届かない敵が相手ではどうしようもない。

とくに攻撃してくる側の姿が見えないということについては、この小説のかなりあとのほうで、生き残りのひとり、酋長の娘がこう回想している――「最初にやって来たのは、姿の見えない白人達で、遠くから鉄砲を撃って殺しました……」

上陸すらせずに人を殺し、その場に現れることすらなく勝利する、圧倒的な力の優位を前にして、力なき人々の覚える怒りを、欧米の作家がこれほどの共感をもって描写した例は数少ない。

オムドゥルマンの戦いの日、『文化果つるところ』はまだ書店に並んでいた。そして、キッチナーが帰国したあとの愛国的熱狂の中で、コンラッドは『闇の奥』を書き、ヘッドリク〔一九四一～　アメリカの歴史学者〕が〝帝国の道具〟〔ヘッドリクの邦訳書『帝国の手先――ヨーロッパ膨張と技術』の原題は、*The Tools of Empire*（帝国の道具）〕と呼ぶものを、道具箱を開けてひとつひとつじっくりと検討していった――

大陸に砲火を向ける艦砲。大陸での略奪をしやすくする鉄道敷設。ヨーロッパ人とその武器を、大陸の最奥部へ運ぶ河川蒸気船。クルッの担架の後ろに続く行列が運んでいる〝ゼウスの稲妻〟、散弾銃が二挺、重ライフル銃が一挺、弾倉回転式カービン銃が一挺。岸辺のアフリカ人に向かって鉛を吐き出す、ウィンチェスター銃とマルティニ・ヘンリー銃。

「われわれは森の中の連中を盛大に撃ち殺したはずだ。え？　どう思う？　そうじゃないか？」

と白人が言うのをマーロウは聞く。

「われわれは神のごとき力を備えて彼らに接することになるのだ」と、クルツは蛮習廃止国際協会への報告書に書いている。彼がここで言っているのは武器のことだ。武器が、神のごとき力の源だった。

　キプリングの詩では、帝国主義の仕事が倫理的な義務とされている。クルツもまた、キプリング的なレトリックの雲を身にまとい、同じことを言っている。奥地出張所で、あるいはオムドゥルマンで、クルツやキッチナーがおこなった仕事の真の意味は、クルツの冗長な報告書の脚注にのみ記されている——「すべての野蛮人を根絶やしにせよ」と。

タムへ

59

インサラーからタマンラセットまでの六百六十キロメートルを行き来するバスは、メルセデスのトラックを改造したもので、砂の靄の中でも見えるよう朱色に塗られている。荷台の上の乗客用ブースは潜水装置のようで、窓の代わりに小さなのぞき穴がついている。中は耐えがたい暑さと狭さで、衝撃を吸収してくれるスプリングなどというものは存在せず、自分の体内にばねを携えて乗るしかない。

例によって例のごとく、私は恐怖を感じている。だが、もうこれ以上は出発を延ばせないので、夜明けに重い荷物を持って、ジャンプする前のように身体を縮めて待っていると、この場所にいることの歓喜が戻ってくる。

私の下に、サハラ砂漠がまるで安全網のように広がっている。あとは飛び下りるだけだ。

白い砂丘の中で一日が始まる。砂丘は固くホイップした生クリームのように、ぴんとツノが立っていて美しい。標識の表示は砂で摩耗して消えかかっている。道路の方向が変わると、砂の色も変わる——白い砂丘が灰色に、黄色に、赤色に、茶色になり、光の差しこんでくる方向が変われば黒くもなる。

やがて最初の山々が姿を現した。煤のような黒、青みがかった紫、焦げているようにも見える。風化がかなり進んでいて、周囲の崩落した部分が、まるで巨大な鍛冶場の炉から掻き出した鉱滓のようだ。タマリスクがちらほら見えるが、大半は乾ききって枯れている。運転手がバスを停め、夜の焚き火のためにその枝を集める。

夜、バスはアラクで停車した。ここにはレストラン兼ホテルを自称する小さな喫茶店がある。乗客は藁小屋の中、砂の上にじかに敷いたマットレスでふたり一組になって眠る。懐中電灯の光で、私はH・G・ウェルズの『タイム・マシン』を読む。

コンラッドもこの本を読んだ。彼がウェルズから多くを学んでいたことに私は気づく。

60

地図上ではアラクを過ぎたあとに道路がましになるように見えたが、実際にはあいかわらずギア一速か二速、または四輪駆動でじりじりと進んでいる状態だ。〝道路〟は方向を示しているにすぎない。車は、轍が絡みあうようにして残っている幅一キロメートルほどの範囲内で、もっとも走りやすそうな場所をつねに探しながら、砂漠を直接走っている。

ときおり地平線のあたりにほかの車がいることを示す大きな砂煙があがり、ゆっくりと近づいてくる。午後になると、そういう砂煙と、夕風が吹き上げる砂の雲との見分けがつかなくなってきた。

夕日はそのせいでぼんやりとした靄に包まれ、山やタマリスクの輪郭がその中にちらほらと見える。岩は年老いて疲れている。生きものの一部のように見える岩がたくさんあり、まるで山の背骨から落ちた椎骨のようだ。タムに近づいてホガール山地に入ると、山は高くなり、ちょっとやそっとのことでは崩れない芯があるように見えるが、それでもあたりの風景からは風化の力のすさまじさが見てとれる。私たちは破片でできた砂漠を延々と走りながら、完全に打ち砕かれて取り返しのつかなくなった現実を探している。

鏡に映った自分の顔を見て、私はぎょっとする。私自身も風化の力にさらされたのだ、日差しと風、熱気と冷気、山をぼろぼろにして崩壊させる力。それが、はっきりと目に見える。

61

タムことタマンラセットは、南アルジェリアの主要都市であり、隣国ニジェールやマリとも、輸送交通や難民の流れ、密輸品を通じて浅からぬかかわりのある国際都市だ。

ヨーロッパ人の砂漠探検隊も、チャーター機で来る観光客も、だれもが遅かれ早かれタムにやってきて、だれもが〈ホテル・タハト〉の廊下で道に迷う。

このホテルを設計した建築家は左右対称性を偏愛していたようだ。まったく同じように見える場所が十六箇所あり、そこからまったく同じように見える廊下が四方に延びている。

スウェーデン《ラ・スエード》から電話です、とフロントに呼び出されて、私は刺激を受けすぎたネズミのように迷路を駆けまわり、ついに目的地にたどり着いたときには息が切れていた。電話では、猛烈に誇張された私自身のあえぎ声が、ワルグラ、アルジェ、パリの中継局を行ったり来たりしているのが聞こえる。これが大きく反響しているせいで娘の声はかき消され、ささやき声よりも弱々しい。結局、私は自分の声のエコーにやられて、あきらめざるをえなくなった。

清掃係の女性のひとりが、まだハイハイもできない赤ん坊を連れてきて、掃除用具入れの石床に置き去りにして仕事に向かっている。赤ん坊は朝の八時からずっと泣きわめいていて、夕方にはもうへとへとなのだろう、哀れなかぼそい声をときおりあげるだけになる。

大人があんなふうに床に横たえられ、苦しみにさいなまれて叫んでいたら、すぐにだれかがなんとかしようと思うのではないか？　だが、あれは子どもだ――子どもは泣きわめくもの。まったく自然なことだ、とみなが思っているらしい。

62

寂しさは背中で感じるものだ。

身体の前面はおそらく仮面をかぶっている。そうでなくても、顔は少なくとも鏡に映った自分自身に会うことができる。後頭部は孤独だ。

腹なら自分で抱えて丸くなれる。だが、背中は置き去りにされる。

フルドラ〔スカンジナビアの民間伝承における森の魔物〕やジン〔アラブ世界の精霊や魔物〕の背が、えぐられたような空洞として描かれることが多いのはそのためだ。彼らの背中にあたたかい腹を押しつけてくれる人はひとりもいない。代わりに孤独の鑿がそこで働く。

孤独に立ち向かうことはできない。それは背後からやってきて人をとらえる。

63

コンラッドは七歳の時に母親を失い、十一歳で父親を失った。ポーランドからフランスへ、フランスからイギリスへ移住した。十六隻の船で働いた。国を変えるたびに、船を変えるたびに、新しい友人を見つけなければならない、さもなければひとりぼっちだった。

だが、やがてコンラッドは船乗りの孤独を捨て、作家の孤独を手に入れた。家事を手伝ってくれていた女性を自分の妻にした。そして友人たちに共感や承認を求めた。

コンラッドの長年にわたるイギリス人の友人に、ホープという名の人がいて、スタンフォード＝ル＝ホープという名の小さな村に住んでいた。コンラッドは結婚後、友人のそばにいられるよう、妻とともにスタンフォード＝ル＝ホープに移り住んだ。

マーロウはクルツの話を、友人たち四人の小さな集まりに向けて語っている。そのような友人の集まりを、コンラッドはずっと求めていた。そして一八九八年、ようやくそれを見つけたと思えるようになった。

『闇の奥』を書きはじめたころ、コンラッドはスタンフォード＝ル＝ホープを離れ、ケント州のペント・ファームに引っ越したばかりだった。そこで彼は、近隣に住む作家たちのグループに受け入れられた。この仲間たちがみな、マーロウの物語に耳を傾ける姿の見えない聞き手となった。

64

私はさしあたり急ごしらえの机で仕事を始めたが、フロッピーディスクに侵入する砂埃にはほとほと困っている。タマンラセットは早春の北京並みに乾燥している。強風で乾燥しきった砂が舞い、街はいつでも砂埃の雲に包まれたままだ。

そして、北京の風がゴビ砂漠を運んでくるのと同様、ここの風もサハラ砂漠を運んでくる——ちなみにどちらも同じひとつの砂漠だ。リビアからエジプトへ、そこから中東やイラン、バルチスタン、アフガニスタンを経由して、新疆、ゴビ砂漠までつながっている。広大な面積に広がるこれらの砂には、どうやらこぞってタマンラセットをめざし、私のフロッピーディスクに降り積もるという傾向があるようだ。

動物や人の群れが、干上がった川をひっきりなしに渡っていく。タムのハイド・パークのような場所だ。疲れたラクダが頭を下げ、砂埃に息を吹きかけて、なにか食べられるものが隠れていないか確かめている。我慢強いヤギは紙屑を食んでいる。

女性たちが荷物を持ってやってくるが、インサラーでのように腰に載せて抱えているのではない。頭に載せているのを、ここではじめて目にした。少年たちの集団がうろついていて、一歩ごとに砂が蹴り上げられて雲ができる。この公園が街の肺だとしたら、これは塵肺をわずらっている状態だ。

だが、タムには自慢の種がひとつある。ぴかぴかに磨いた靴でも涸れ川《ウエド》を渡れる道路、それも自動車道があるのだ。とはいえ、これを利用できるのは軍人にかぎられている。

この橋を渡って、将校がひとり郵便局をめざしてやってきた。連れている部下は四人、みなが白い編み上げブーツを履き、白いヘルメットをかぶって、あご紐を鼻の下まで引っぱり上げている。部下四人は郵便局の外で足踏みを続け、将校は行列を無視して先へ進むと、切手を要求し、それを舐めて貼りつけた。一行はそこから六歩前進し、将校が手紙を投函しているあいだ、ふたたびの足踏み。それが済むと、全員が同じ、厳かながらも満足げな表情で行進しながら去っていく。用を足した場所に土をかけたあとの犬のような表情だ。

私は自分のささやかな手紙を、もう少し飾り気のない形で、あっさりとポストに入れた。

65

タムの理髪店には、エルヴィス・プレスリーの写真と、サッカーのアルジェリア代表チームの写真が飾ってある。私はウェルズを読み、アルジェリアのラジオを聴きながら順番を待った。

私の前に散髪してもらっていたのは黒人の男性だったが、まるで羊毛のような切り方だった。絡まったもじゃもじゃの髪がごっそり、一気に頭から取り除かれていく。もうひとりの客は小柄で華奢な、洒落たところのある軍学校の学生で、熱風機と剃刀の力で薄い頭巾のような髪型になっている。

やがて理髪師の椅子に座る順番がまわってきて、私は身振りで、切るのはほんの少しだけでいいのだ、と伝えた。理髪師はまさにそのほんの少しを私の頭に残してくれた。

私は日陰から日陰へジグザグに歩きながら、ゆっくりとホテルへ戻った。どういうふうに仕事を続けたらいいのか、わかってきたような気がする。

『闇の奥』は、コンゴ論争やキッチナーの帰還などといった同時代のできごとの影響を受けて書かれただけではない。文学の世界、テクストの世界にも影響を受けている。その世界ではキプリングがライバルであり、コンラッドの対極に位置していたが、コンラッドにとってもっと重要な作家はほかに何人もいた。たとえば、ヘンリー・ジェイムズ、スティーヴン・クレイン、フォード・マドックス・フォード。だが、とくに重要な役割を果たしたのが、H・G・ウェルズと、R・B・カニンガム・グレアムだった。[34]

友人たち
〝Killing the brutes〟——野蛮人どもを殺す

66

ウェルズの『タイム・マシン』（一八九五年）に登場する時間旅行者《タイム・トラヴェラー》は、人類がふたつの種——地上に暮らす色白でかよわく無邪気な子どものような種と、地下に暮らす暗黒の生きもの〝モーロック〟に分かれた未来の世界へ、読者を連れていく。

ジキル博士とハイド氏が繁殖して、彼らを祖としたふたつの氏族が生まれ、そのまま未来に住まわったかのような世界。自我が分裂して、超自我と無意識の自我がそれぞれ民族をかたちづくったかのような世界。〝最暗黒の英国〟〔救世軍の創立者ウィリアム・ブースは、著書『最暗黒の英国とその出路』（一八九〇年）で、当時の貧困層の暮らしとその救済策について論じた〕の労働者階級が地下に追いやられ、そこで新たな人種となったかのような世界。〝最暗黒のアフリカ〟の住人が、帝国のまさに中心で地下生活を送っているかのような世界。

こうしたさまざまな潜在的解釈が読者の頭をよぎる中で、物語を先へ進める原動力となるのは、アフリカへの連想だ。モーロックは食人種であることが明らかになる。そして、権力を握っているのは食人種である。地上に暮らす美しい人々は、食人種がつかまえ、屠り、喰らう、肥えた家畜でしかない。

憎しみと恐怖がタイム・トラヴェラーを襲う。彼はモーロックを殺したいと考える。地下の暗闇へまっすぐに下りていって、「野蛮人どもを殺す」ことを望むようになる。

ウェルズの描写するこの殺戮は恐ろしいが、同時に爽快でもある。タイム・トラヴェラーは暗闇の中で座ったまま寝入ってしまい、目を覚ますと、へなへなとしておぞましいモーロックたちが彼に覆いかぶさっている。タイム・トラヴェラーはこの「人間モグラども」をはたき落として鉄棒を振りまわす。そして、鉄棒が肉にぐちゃりとぶつかって骨を砕く手応えを感じ、快感を覚える……

67

当時はまだ、ハーバート・スペンサーが哲学者として第一線で活躍していた。スペンサーは幼少時代に厳格な躾を受けていて、この暗澹たる教育方針を、生命活動の内奥に隠された秘密であると考えるようになった。生きものはみな罰せられることで進歩せざるをえなくなる。自然は巨大な矯正施設のようなもので、無知や無能力は、貧困、病苦、死という形で罰せられる。

『タイムマシン』はスペンサーの進化論をもとにした実験だ。この小説は、人類が知性と進化の母たる苦痛をできるかぎり減らした結果、タイム・トラヴェラーの言葉を借りるなら「自殺を遂げた」ところを描いている。

ウェルズの次の本――コンラッドがこれも読んだことをわれわれは知っている――は、『モロー博士の島』（一八九六年）という。これは逆の可能性を探る小説だ。つまり、苦痛をできるかぎり増やして進化を速める。

モロー博士はすぐれた外科技術を駆使して、動物から一種の人間をつくろうとする。そこで動物に拷問を加え、その苦痛で進化が速まることを狙う。

「生きものを焼けるような苦痛の淵に突きおとすたびに、わしはこういうんだ。『こんどこそ、動物の部分を燃やしつくしてやる。こんどこそ、この手で理性を持つ生きものを造りあげてやる！』とな。十年がなんだ。人間ができるには、十万年がかかっておるのだ」

モロー博士は百二十頭の怪物をつくりだし、半分は死んだ。だが、人間と言える生きものをつくりあげることは結局できなかった。モロー博士が動物を苦しめるのをやめるやいなや、その動物は獣に戻る。怪物たちの中にある獣性は、夜中、暗闇の中でもっとも強くなる。ある夜、ピューマが身をふりほどき、自分を苦しめていた拷問者を殺す。怪物たちが反乱を起こして島を制覇する。語り手は、彼らが日に日に毛深くなり、その額が狭くなり、話をする代わりにうなるようになるのを目の当たりにする。

なんとか文明社会に戻った語り手は、そこでもまた同じ光景を目にする。人間たちは彼の目に、苦しめられた動物、いつ四足歩行に戻ってもおかしくない動物と映る。彼は星空の下で孤独に生きる道を選ぶ。「……われわれのうちにある動物にとどまらない部分が、……広大不変の宇宙の法則に、慰謝と希望を見いだすからにちがいない。……だから、希望と孤独のうちに、この物語を締めくくりたい」

『モロー博士の島』は、植民地主義の物語としても読める作品だ。

入植者がカバ皮の鞭をふるって、より獣に近い劣等人種とされた人々を文明化したのと同じように、モロー博士は鋼の拷問具で動物たちを文明化する。入植者が新種の生きもの、文明化された蛮人をつくろうとしたように、モロー博士は獣人をつくろうとする。どちらも手段は恐怖そのものだ。モロー博士もクルツと同様、自分がつくった生きものたちに、自分を神のごとく崇めることを教えこんだ。

68

ウェルズが一八九六年五月に書評を書いた『文化果つるところ』で、コンラッドは植民地主義者に対する先住民の批判を、その場に現れることすらなく人を殺す〝姿の見えない白人〟の像に集約して描いてみせた。ひょっとすると、ウェルズはコンラッドから着想を得て、植民地主義についての新たな物語、『透明人間』（一八九七年）を書いたのかもしれない。

科学実験がうまくいきすぎて透明人間になってしまい、どうすればまた人の目に見える存在になれるのか、わからなくなった男の物語だ。

はじめは自分の置かれた状況に絶望するが、やがてこの状況を利用できることに気づく。だれにも姿が見えないのだから、どんな暴力をふるっても罰せられない。彼の恐怖支配に抗う人をひとり残らず殺したとて、だれも彼を止めることはできない。透明になったことで彼は人間らしさを失う。「彼は狂っている。人間として失格だ。まったく利己的で自分の利益と安全しか考えてない」

まったく利己的であること、〝pure selfishness〟というのは、コンラッドが『闇の奥』のメインテーマを出版社に説明したときに選んだ言葉でもあった。

植民地で文明を代表する人々は、遠くから人を殺せる武器を持っているというだけでなく、ほかの意味でも〝透明〟だった。彼らがいったいなにをしているのか、本国の人々は詳しいところを知らなかったのだ。長大な距離、ろくに機能しない通信、侵入しがたいジャングルによって祖国から切り離された彼らは、本国世論の監視を受けることなく帝国としての権力をふるっていた。なんの監視もないところで、彼らはどんなふうに力を行使していたのだろう？　だれにも見られなくなって、彼らはどんなふうに変化しただろう？

チャールズ・ディルクがこれらの問いを、一八九六年夏、記事「アフリカにおける文明」でとりあげた。一八九七年、『タイムズ』紙にベンジャミン・キッド〔一八五八～一九一六　イギリスの社会学者〕の記事がいくつか載ったときにも、同じ問いかけが俎上にのぼり、さらに一八九八年、それらの記事が『熱帯の支配（*Control of the Tropics*）』という本の形で出版されたことで、またもや議論になった。ウェルズはあいかわらず時局を読むことに長けていた。

コンラッドはディルクの記事を読んだ時点ですでにこのテーマをとりあげ、人の目がなくなったことで徐々に人間らしさを失っていくならず者ふたりの物語、「文明の前哨地点」を書いていた。そして、ウェルズの小説で同じテーマが扱われていることを知った彼は、ここでもまた生産的な反応を示した。クルツはコンラッド版の透明人間だ。

彼は『透明人間』をちょうど読んだところだった。一八九八年十一月十七日、コンラッドはウェルズに、持っていた『透明人間』を紛失してしまったので一冊送ってくれないか、と頼んでいる。十二月四日、彼はウェルズへの手紙でこの小説を熱心に賞賛した。『透明人間』は、コンラッドがクルツの物語を書きはじめたとき、読んだばかりで記憶に新しい作品のひとつだったのだ。

クリスマスのころ、コンラッドは若い親戚のアニェラ・ザグルスカに手紙を書き、『透明人間』を読むよう勧めている。『闇の奥』執筆中だったこの時期にも、『透明人間』のことがまだ頭にあったわけだ。

69

コンラッドはザグルスカへの手紙で、ウェルズの最新作『宇宙戦争』(一八九八年)も勧めている。この小説では、植民地主義への批判がさらに明確になっている。執筆されたのが一八九七年、つまりイギリス帝国主義がなんの疑念も抱くことなく、自己満足の乱痴気騒ぎに没頭していた年だったからかもしれない。

『宇宙戦争』では、ロンドンが地球外から来た支配者民族に攻撃される。火星人はつねに寒い場所で暮らしてきたせいで知力が研ぎ澄まされ、宇宙船や敵を殺す熱線を発明していた。彼らはロンドンを、黒いガスの雲、侵入も抵抗も許さない死の暗闇で徐々に包んでいく。

『闇の奥』のキーワードが、この小説にもたくさん出てくる――〝闇〟〝黒々と〟〝皆殺し(exterminate)〟〝けだもの(brutes)〟〝恐怖〟。

火星人の武器は「見えない手」のごとく人を殺す。イギリス人が有色人種よりも優位にあるように、火星人はイギリス人よりも優位にある。そして、イギリス人が劣等とみなした人種の土地を奪ってもいいと考えたように、火星人もまた、劣等種である地球人から地球を奪ってもいいと考えている。

「火星人をきびしく批判するまえに、私たち人間がどれほど冷酷かつ徹底的な破壊をもたらしてきたかを思いださなければならない。絶滅したバイソンやドードー鳥といった動物だけではなく、同じ人類で自分たちよりも劣る種族を殺戮してきたのだ」

タスマニア人は人間だったが、それはなんの防御にもならなかった。ヨーロッパからの移民が仕掛けた絶滅戦争で、五十年のうちに一掃されてしまったのだ。火星人が同じような戦争を仕掛けてきたとして、文句を言う権利がわれわれにあるだろうか?

やがてロンドンやその周辺では人類がほぼ全滅し、ほんの少人数が残っているだけになった。語り手はパトニー・ヒルで生き残りのひとりに出会う。この男が、地下の下水道で暮らして抵抗を続けることを提案する。このままでは人間が「野生化」して、巨大な野ネズミのようなものに退化しかねない。こんな極端な状況だ、極端な解決策が必要になる――

「ばかや弱いのを仲間にはできない。生活はふたたび真剣なものになって、役立たずや、じゃまくさいのや、害があるやつは死ぬしかない。そんなのは死ぬべきなんだ。自分からすすんで死ぬべきだ。生きて血をよごすのは、人間に対する裏切りだ」

これが書かれたとき、アドルフ・ヒトラー少年は八歳だった。

一八九七年、ウェルズがこの小説を書いていたときに、マラリアの謎がついに解かれた。マラリアは長いこと、先住民が白人侵略者に対抗する最善の防御手段だったわけだが、この小説では病原菌が、火星人に対する人類の防御手段となった。人類を救ったのは細菌だった。火星人は地球を征服したが、結局はこのなにより小さい、取るに足らない住民の犠牲となったのだ。

自己満足に浸っているわれわれも、同じ運命をたどる可能性がある、とウェルズは警告している。しばらく成功が続いたからといって、未来は自分のものだなどと信じるべきではない。「なぜなら、繰り返しになるが、これまでに存在した支配的な動物種はみな、完全な支配から完全な破滅へと急速に移行しているのだ」

70

ウェルズはあてずっぽうでこんなことを言っているわけではない。彼はトマス・ハクスリー〔一八二五～一八九五　イギリスの生物学者〕のもとで生物学と古生物学を学んでいた。ウェルズが一般向けに書いた科学記事を見ると、彼が絶滅というテーマにとりわけ関心を寄せていたことがわかる。

「絶滅について」（一八九三年）は、生命があがきながらもゆっくりと容赦なく絶滅に向かっていく、生物学の〝もっとも悲しい一章〟についての記事だ。[35]

地質博物館の長い通路には、消え去った種に下された判決が石に刻まれて並んでいる。そんな種のひとつがアトラントサウルスだ。なんらかの気候変動か、病気か、あるいは知られざる敵がいたのか、とにかくなにかの理由でこの巨大爬虫類は減少し、やがて完全に死に絶えてしまった。

古生物学の広大な資料庫には、絶滅の記録があふれている。種の絶滅にかぎらず、ひとつの属、科、目、綱がまるごと、世界の動物界になんの痕跡も残すことなく根絶やしになってしまった例が無数にある。

博物館にある化石の多くには〝類縁性不詳〟のラベルがついている。いま生息しているどの動物にも似ていないのだ。そうした種が指し示すのは、だれにも理解できない暗闇だ。ただひとつ、なにかが絶滅したという事実だけがはっきりしている。

絶滅の力は現代の世界にも及んでいる。ここ百年で、文明人は地球上にあふれかえり、さまざまな動物種を次々と深淵の底へ追いやってきた。ドードー鳥にかぎらず、何百もの種や属が姿を消している。

とくに急速かつ完膚なきまでに進んだのが、バイソンの絶滅だった。さらにアザラシやホッキョククジラなど、たくさんの動物が同じ残酷な運命を迎えようとしている。なにが起きているか、当の動物たちにはわかっているのだろうか？　敗北し消えゆく種の、最後の生き残り——彼らはその心に、冷たい孤独を感じることがあるのだろうか？

こういう動物たちの置かれている状況は、われわれの理解を超えていると言っても過言ではない、とウェルズは述べる。地球はまだ人間たちの活気に満ちているし、未来もなお人間の生命にあふれているだろうとわれわれは思っている。想像しうる中でなにより恐ろしいのは、地球が荒廃し、ただひとり残った最後の人間が、絶滅の運命に立ち向かわされることだろう。

71

広大なデパートの空気は乾燥していて、息が苦しくなってくる。すると〈吸入室〉に連れていかれる。空気がまるで温室の中のように湿っていて、肺にやさしく心地よい。しばらくその中で過ごしていると、完全に調子が戻ったと感じる。だが、空気の乾燥したデパートに出たとたん、また呼吸困難になり、急いで吸入室へ戻る。たいして時間は経っていないはずだが、部屋はすっかり様変わりしている。空っぽなのだ。だれもいないし、家具や備品もなくなっている。なにもない。

「吸入室に行きたいんですが」と私は言う。

「部屋をまちがえておられます」見えないスピーカーが答える。「ここは〈抹消室〉です」

「どういうことですか」

「吸入室とは全然ちがいます」声が淡々と説明する。「ここでは抹消されるのです」

「というと?」

「絶滅のための部屋です。存在そのものがなくなります。終わります」

その言葉が、私の中でスローモーションの爆発を起こす。意味がパラシュートのように広がり、意識の底へゆっくりと舞い降りて、私ははっと悟る——私はもう存在しない。もう終わりだ。

72

一八九七年四月、ウェルズが『宇宙戦争』を書いていたころに、同じ辛辣な皮肉、同じ体制批判と厭世観に彩られた創世物語が『ソーシャル・デモクラット』誌に載った。題名は「いまいましいニガーども」だ。

神はなぜ人間をつくったのか？　手抜きだったのか、それとも悪意があったのか？　われわれにはわからない。いずれにせよ人間は存在していて、黒いのと、白いのと、赤いのと、黄色いのがいる。

はるか昔にはアッシリア人、バビロニア人、エジプト人が奮闘していたが、神はずっと、もっとちがった、もっとよいものをつくろうとしていた。

蛮性の闇からギリシャ人やローマ人を登場させ、はじめから人類を支配する使命を与えられていた人種のため、道を切り開いてやった。その人種とは、すなわちイギリス人——靄の洗礼を受け、視野の狭窄した島国の住人、成功と富で思いあがった人種だ。

アフリカ、オーストラリア、アメリカ、南太平洋の何千もの島々には、劣等人種が暮らしている。名前はさまざまだし、些細な相違もあるのだろうが、突き詰めればみな黒人《ニガー》、「いまいましいニガーども」だ。フィン人やバスク人も、呼び名がなんであれ価値はない。彼らはある意味、ヨーロッパのニガー、「消滅する運命にある」人種だ。

ニガーはどんな色であろうとニガーだが、その典型はアフリカにある。ああ、アフリカ！　あの大陸をつくったとき、神はご機嫌ななめだったにちがいない。そうでもなければ、外から来たほかの人種に取って代わられるような連中で、大陸を満たしたりはしないだろう。ニガーどもを白人にしておいたほうがよかったのではないか？　そうすれば、連中もそのうちイギリス人になれただろうし、われわれのほうも、わざわざ連中を根絶やしにする手間をかけずにすんだものを。

ニガーには大砲がない、したがって権利もない。彼らの土地はわれわれのものだ。彼らの家畜や畑、みじめったらしい家財道具、彼らが所有しているものはすべてわれわれのものだ。同様に、女たちは自由に妾としてかまわないし、鞭打つも交換するも自由、梅毒をうつすのも、子を孕ませるのも、辱め苦しめるのも自由。こうして「われわれの中のさもしい連中、その中でもとりわけさもしい連中が、彼らを獣以上にさもしいものとする」のだ。

イギリスの主教たちは、トルコ人がアルメニア人を踏みにじるのを声高に非難するが、同胞が犯しているもっとおぞましい罪については沈黙を貫いている。偽善に満ちたイギリス人の心はだれに対しても向けられるが、自身の帝国が血の海に沈めた連中は例外だ。そして、神がわれわれのような人間をつくったのだとしたら――神というのは畢竟、正気を失っているのではないか？

73

この叫びのような文章を書いたのは、スコットランドの貴族で社会主義者でもあった作家、R・B・カニンガム・グレアムだ。南米で冒険に満ちた時期を過ごしたのち母国に戻り、政治家・作家として新たな道を歩みはじめた。

「いまいましいニガーども」の数か月後、グレアムはコンラッドの短篇「文明の前哨地点」を読み、帝国主義を批判し偽善を嫌う同志がここにいると感じた。彼はコンラッドに手紙を書き、こうして比類なく真剣かつ親密で密度の濃い文通が始まった。グレアムはコンラッドの無二の親友となった。

ふたりはつねに互いの小説や記事を忠実に褒めあっていたが、一度だけ、コンラッドがいつもよりもはるかに激しく反応したことがあった。一八九八年六月、すでに発表から一年以上が経っていた「いまいましいニガーども」を読んだときのことだ。

いい文章だ、とコンラッドは書いている。とてもいい、だが……(ここからフランス語に切り替えている)……だが、親愛なる友よ、これでは話を大きく広げすぎて薄っぺらくなっている。きみの思考はまるで、騎兵隊をしっかりまとめあげて、敵の防御を突破できる堅固な戦闘隊形をかたちづくらなければならないときに、ふらふらとあたりをさまよう騎兵のごとく、あちこちに漂流してしまっている。

「それに、すでに改心した人々に説教をする必要はないだろう?」とコンラッドは問いかけるが、すぐに自分で言葉をさえぎる――「いや、馬鹿なことを言った。名誉、公正、同情、自由という概念に、改心の有無は関係ない。そういう概念を知りもせず理解もせず、感じ取ることすらなく、ただ言葉に酔いしれ、それを繰りかえし、大声で叫び、自分はこれらの概念を信じていると思いこむ、そういう人間どもがいるだけだ。ほんとうは私利私欲を満たすこと、自分が満足することしか頭にないというのに」

一八九六年夏、コンラッドは大言壮語がただの〝音声〟でしかないと書いて言語を批判したが、同じ批判がここでもまた、深い絶望にまで追いつめられた形で現れる――

「言葉は飛び去っていく――そして、なにも残らない。わかるか？　なにひとつ残りはしないんだ、信ずるものを持った人よ！　なにひとつだ。ほんの一瞬で、すべてが消える。残るのはただ、ひとつかみの汚泥、暗黒の宙に投げ放たれて、炎の消えた太陽のまわりを回っている、冷たい、死んだひとつかみの汚泥だけだ。なにひとつ残らない。思考も、音も、魂も。なにひとつ」

74

コンラッドはグレアムを〝信ずるものを持った人（homme de foi）〟と呼んだ。

コンラッドは、グレアムの社会主義（にかぎらず、あらゆる政治信条）に同調したがらなかったし、同調しようと思ってもできなかった。父親の姿を見ていたからだ。政治がなにをもたらすかをコンラッドは知っていた。それは母親の命を奪い、父親を打ちのめし、彼自身を孤児にし、祖国から追い出した。

スコットランド人としてのアイデンティティーがしっかりしているグレアムには、そういう道を歩む余裕があったのかもしれない。亡命作家であるコンラッドにその余裕はなかった。父に通ずるグレアムの政治信条を高く評価し、愛することはできた。が、同時に憎んでもいたし、けっして許すことはなかった。

今日、〝信ずるものを持った人〟と呼べる人はいるだろうか？ そのような種は絶滅したように思われる。グレアムの問題も、その絶望も、いまなお残っていて、現代の私たちにもじゅうぶん理解できる。ただ、彼の持っていた信念と希望だけが、私たちからは奪われている。

75

一八九八年十二月一日、コンラッドはグレアムが発表したばかりの旅行記『マグレブ＝エル＝アクサ（*Mogreb-el-Acksa*）〔モロッコの古い呼び名。〝極西〟を意味する〕』を読んだ。十二月四日、彼はグレアムの母親にこう書き送った――「世紀の旅行記です」「これほどの傑作は、バートン〔リチャード・フランシス・バートン 一八二一～九〇〕のメッカ巡礼記以来でしょう」

そして、グレアム本人には十二月九日にこう書いた――「まず印象的なのはこの作品の独自性だ。それから徐々に、ほかのすべてが立ち現れる――技巧、情感、ユーモア、機知、義憤……これなら物質的な成功もまちがいないだろう。もっとも、その点はわからないな。この本は良すぎるかもしれない」

グレアムのこの本も、コンラッドが十二月十八日に『闇の奥』を書きはじめた時点で、ちょうど読み終えたばかりの作品のひとつだった。

『マグレブ＝エル＝アクサ』の語り手は、夜、焚き火のまわりに集まった男たち数人に向かって語りかける。パイプに火をつけ、馬がくしゃみをするのを聞いて、ブリキのカップを口に運ぼうとしていた手を止める男たち。語り手は馬乗りだが、その点を除けば、同業者に囲まれた船乗りマーロウとよく似ている。

自分はこの目で見たことだけを語る、と語り手は言う。旗を振りはしないし、なにかの壮大な道徳的使命を果たしているふりもしない。帝国についても、交易の拡大についても、アングロ・サクソン人の行く末についても、キリスト教の広がりについても、なんの持論も持っていない。『闇の奥』冒頭のマーロウと同じ、慎重な、距離を置いている語り手だ。

彼はタルーダントに向かっている。最初は彼もマーロウと同様、船でアフリカ沿岸を移動する。そして〝オリエント〟、東方世界に思いを馳せる。当時は非ヨーロッパ世界のほぼ全域を指して使われていた言葉だ。

「ヨーロッパ人はオリエントから見れば呪い以外のなにものでもないと思う。ヨーロッパ人がなにをもたらした？　銃、火薬、ジン、質の悪い服――往々にして女性たちの手仕事を駆逐する、いいかげんで安価なごみだ――新たな欲求、新たな習慣、すでにあるものへの不満……これが、ヨーロッパ人のもたらした祝福だ」

モロッコの支配階級は「キリスト教の大国が弱小国を併合するつもりであるときに要求してくる、行政の改善、進歩、道徳などといったことの意味を、十二分に理解している」。すでに外国の手中に入った地域もあり、「モロッコ人はそれを、われわれがロシア人にワイト島を占拠された場合のような気持ちで受け止めている」とグレアムは述べる。[36]

脅威にさらされ攻撃された国々の側からヨーロッパを見るのは、このようにごく控えめな試みであっても一八九〇年代にはまだきわめて珍しく、物議をかもすことであって、これによってグレアムは作家として独自の地位を築きあげた。彼がとったのと同じ語りの姿勢を、コンラッドは「文明の前哨地点」で採用し、『闇の奥』でふたたびマーロウに担わせている。

未知の危険なアフリカの奥地をめざして進んでいく西洋人を描いたグレアムの物語から、コンラッドが読みとったのは、本に書かれていることだけではない。友人が経験したことのとなりに、あるいは向こう側に、彼は自分自身の経験を見た。

友人が書いた文章の奥に、コンラッドは自分の文章を見た。同じテーマで、同じ精神で、友人をひそかな聞き手として、自分にも書けそうな物語を見た。グレアムのごく単純な物語に彼が浴びせた賞賛の言葉は、自分の小説にグレアムが浴びせてくれることを期待した言葉だった——まだ存在しない、だがグレアムの本の行間から浮かびあがりつつあった小説に。

76

ヨーロッパが〝オリエント〟に及ぼす影響を、グレアムはすでにその年の秋、「ヒギンソンの夢」という短篇小説でさらに辛辣に批判していた。コンラッドは一八九八年九月、友人のためにこの作品の校正作業を引き受けている。

「ずば抜けた小説です」十月十六日、コンラッドはグレアムの母親にこう書いた。「私自身の仕事などとても及ばない出来の良さですが、それでも似ているところがあるとあなたがおっしゃった旨、たいへん光栄に思っています。いずれにせよ、この作品の見地にはもちろん、私も全面的に賛同します」

この作品の見地、とは？

「ヒギンソンの夢」では、テネリフェ島をめぐる戦いの終盤で、先住民グアンチェ族が奇妙な病に襲われ、戦死者よりも多くの人々が病死する。島全体が死人で覆われ、スペイン側の指揮官アロンソ・デ・ルーゴが出会った女性は、こんなことを言う――

「キリスト教徒、どこへ行く？　どうしてこの土地を取らない？　グアンチェ族はみな死んだ」

この病は〝モドラ〟と呼ばれた。とはいえ実際には、白人が先住民を野蛮な未開状態から救い出そうと、銃と聖書、ジンと綿布、慈善心を携えて現れるだけで、その民族を根絶やしにするにはじゅうぶんなのだ。

われわれがどう行動するかにかかわらず、どうやらわれわれがいるというだけで、原初の人間性を保っている民族にとってはことごとく呪いとなるようだ。われわれの慣習が、いわゆる劣等人種に死をもたらすのは避けられないらしい。われわれが千年かけて歩んできた距離を、彼らにはひと跳びで越えさせようとしているのだから、とグレアムは述べる。[37]

当時の知識人の大半とは異なり、グレアムが〝いわゆる劣等人種〟と書いていることは注目に値する。有色人種が死に絶えるのは、グレアムに言わせれば、生物学的に劣っているせいではない。今日であればカルチャーショックと呼ばれる現象――西洋文化が変異して生まれた奇妙な文化（ジン、聖書、銃）に、一瞬にして適応するよう強いられることが原因なのだ。

コンラッドが全面的に賛同すると言ったのは、こうした見地だった。

77

一八九八年秋、コンラッドは『救援（*The Rescue*）』という小説に取りかかっていた。それから長い年月を経たあとでようやく世に出た不幸な作品だ。

『救援』は、騎士道精神にのっとった高潔な帝国主義者の物語だ。かつての命の恩人であるマレー人の友を、人生を賭して助けようとする。つまり『闇の奥』とは正反対のテーマだ。この小説はコンラッドをひどく苦しめ、何度も自殺寸前のところまで彼を引きずりこんだ。

これはまた、ひじょうに出来の悪い小説でもある。私がこの作品に時間を割く理由はただひとつ、トラヴァース氏が「やや暴力的に」次のような言葉を放つ一節だ。

「劣った人種が死に絶える運命にあるのなら、それは前進だ、進歩のめざす目的地である社会の完成に向けた第一歩だ」

この言葉は第三部にある。つまりコンラッドはちょうど「ヒギンソンの夢」の校正をしていたころに、これを書いたということだ。どちらの作品も、当時広く流布していた同じ思い込み——〝進歩〟のためには〝劣った〟人種を犠牲にしなければならない、という考え方に触れている。

小説内でこの言葉を口にするのが、耐えがたいほどに愚かなトラヴァース氏であるということは注目に値する。そして、彼の放った言葉がその直後、なんとも雄弁な岸辺と海の描写によって、「究極の暗闇の到来」と結びつけられていることも。

78

ヒギンソンの人生は大成功だった。すでに財産に恵まれていて、彼自身の言葉を借りるなら、自分が野蛮な状態から救い出してやった島々、ヌメアで暮らしている。

ヒギンソンは若い時分をこの島々で過ごし、島の女たちと愛しあい、若者たちと狩りに興じ、彼らの言葉を覚え、彼らと同じように生活して、この暮らしこそが最高だと思っていた。

金持ちであることに飽きた彼は、ヌメアからほど近い小さな入江へ戻りたい、と頻繁に夢見るようになった。若いころ、そこにテアンという名の友人がいたのだ。

ある日、シャンパンは気が抜けているようだし娼婦たちはじつに下品だと感じた彼は、ついにその入江へ向かう。ところが、その場所は妙に様変わりしてしまっていた。人がいないようなのだ。大声で呼びかける。こだましか返ってこない。ヒギンソンは藪をかき分けて進み、あばら家の前でヤムイモを掘っている男を見つけて、こう尋ねる——

「黒い人、どこ?」

男は鍬にもたれかかり、答える——

「みんな死んだ」

「族長、どこ?」

「族長——死んだよ」

コンラッドは親友の短篇小説に出てくるこのやりとりを読んだ。いや、読んだだけではない、校正したのだ。のちにT・S・エリオットが『うつろな人々』(一九二五年)の冒頭に掲げたあの言葉を、彼自身が書き記す、ほんの数か月前に。

「クルツの旦那——死んだよ」

79

あばら家の中には、ヒギンソンの若かりしころの友人テアンがいて、瀕死の状態だった。そこから奇妙な会話が始まり、テアンが自分の体内で起きていることを、鳥やネズミや雨などの比喩を駆使して説明する一方で、ヒギンソンはまるでそれらの比喩が外界の現実であるかのように、自分が鳥を撃ってやる、猫にネズミをつかまえさせてやる、と返答する。

「無駄だ」とテアンは言う。「おれ死ぬ、ジョン、黒人みんな死ぬ、黒人の女、子どもできない、部族五百人じゃなくて五十人なる。おれたちみんな死ぬ、煙と同じ、雲のどこかにいなくなる。黒人と白人いたら、黒人生きられない」

ヒギンソンはここまで語ると、神を冒涜し、進歩を呪い、文明に怒りをぶつける（「いまいましいニガーども」でグレアムがしたように）。それも、フランス語と英語をごちゃ混ぜにして（「いまいましいニガーども」を読んだコンラッドと同じように）。だが、次の瞬間に思い出してとまどうのだ。道路を敷き、鉱物の採掘を始め、栈橋を建設したのが自分だということを。この島に文明をもたらしたのが、ほかならぬ自分だということを……

クルツ同様、ヒギンソンも国際人で、「半分フランス人、半分イギリス人」だった。要するに、ヨーロッパ人だった。ヒギンソンもクルツ同様、民族虐殺を前提とする〝進歩〟を、「すべての野蛮人を根絶やしにせよ」というメッセージを携えた〝文明〟を代表していた。

III

アーリットへ

80

ここからどうやって先へ進むか？　タマンラセットから南へ向かうバスはアルジェリア国境までしか行かない。ニジェール側のバスは、国境から二百八十キロメートル離れたアーリットに停まる。この二百八十キロメートルはヒッチハイクをするしかなく、国境で身動きがとれなくなるのを避けたければ、タムから乗せてくれる車を手配しておくのが賢明だ。

私はオーストラリア人の若者たちを乗せてナイロビへ向かうトラックに金を払い、席を確保した。出発は夜明けだ。警察官は出発を許可してくれたが、税関に拒否された。

形式的な税関の手続きをすべてインゲザムに移そうという話があるようだが、だれも行きたがらない。タムにとどまるのには意味があるのだと主張するため、税関は行列や厄介事をつくりあげる。

十二時、税関職員は私たちを通すことなく昼食に出かけてしまった。日差しが過酷だ。光が眩しすぎて頭がずきずき痛む。車両の行列は税関職員の昼休みの長さに比例して長くなる。蠅が飛び交い、苛立ちが高まる。

二時半、税関職員たちが戻ってきて、いきなりなんの根拠もなく、行列している車両を一気にみんな通してやった。ほら、どうぞどうぞ！　なにを待ってるんです？

私たちはこれから、道なき砂漠を四百キロメートル走る。百二十キロメートル走ったところであたりが暗くなった。

夜は静かで星がまたたく。風はなく、月も見えない。

「夜は旅人に、昼の苦しみを補って余りあるほどの見返りをもたらす」。〈P・A・ノーシュテットと息子たち〉という出版社が出していた青少年向けの書籍シリーズ、第十二号で、ナハティガル〔一八三四〜一八八五　ドイツのアフリカ探検家〕がそう書いていた。「風がおさまると、空は晴れて深い青色に染まり、星で自らを彩る。その星々の光は、北国の寒く晴れた冬の夜に、ほんのときおりみられるような輝きだ」

昔はこれを読んだだけだった。いまの私は、知っている。空が高いところにあるのは星たちのおかげだ。宇宙こそが最大の砂漠である。

18

夜明けの日差しの中で寝袋から這い出てみると、そこは最近ついた轍のない、ほとんど使われていないコースだった。砂が轍だらけでめちゃくちゃになっていないのは喜ぶべきことかもしれない。だが、ほかの車がまったく通らないところでエンストを起こしたりしたら、命取りにもなりかねない。

案の定と言うべきか、発電機が故障して、バッテリーが再充電されることのないまま走りつづけるはめになった。

黒ずんだ砂の中に、白い石の群れがまるで鳥の糞のように散らばっている。これは砂漠の主なルールのひとつ、色が明るければ明るいほど軽く、色が暗くなればなるほど重い、というルールに反している。

十一時ごろ、ランドローバーに乗ったトゥアレグ人に出会い、このまま進むのは危ないと忠告された。こんな重いトラックでは越えられない砂丘が、この先にはいくつもあるというのだ。私たちは方向を変え、昼ごろには〝幹線道路〟、つまり深々と轍のついた道へ戻った。

かぼそいタマリスクの下で食事をしてから、悪名高い〝ライオン砂丘〟に突入した。

砂漠には車の残骸がいやというほどある。湿気がないので錆びつきもせず、永遠に残るからだ。とはいえ、ライオン砂丘は真の意味で車の墓地と言える。ふつうの乗用車で砂漠を横切るのをスポーツのようにとらえている人は多いが、そういう企てはたいてい、ここで終わる。

吹きつける風と砂の力でほどなく塗料が削ぎ取られ、ついには金属そのものも摩耗する。とはいえ、車体の骨組みが、かつて死んだラクダの骨がそうだったように、形を変え移動する砂丘に埋もれてしまえば話はべつだ。

私たちはそんな風景の中を、ひっきりなしに途切れるヴィヴァルディの『四季』を聴きながら駆け抜ける。そのカセットテープに、イギリス人コメディアンのつまらない話が上書きされているからだ。子どものころは貧しくて、温かい食事が出てきたのなんて、金持ち野郎が屁をこいたときだけだった、などと語って聴衆を喜ばせる類いのコメディアンである。
こういう芸人にとっては屁が言葉代わりで、話が終わるころにはこんもりと糞の山ができている。連中の下ネタはふしぎなことに、女性に対する恐怖と軽蔑、反知性主義と結びついているようだ

——

「うちの姉貴の旦那がさ、ほれ、いわゆる知識人ってやつでさ。初夜ですら寝転がって本読みくさって、姉貴に指一本さわりゃしなかったらしいよ。ああ、ページをめくるのに指を濡らすときはべつだったみたいだが……」

だが、こんな集団の中にも読書家がいて、荷台に席をとって落ち着くやいなや本を出し、降りる時になるまでその本から目を離さない。砂漠のほうにはちらりとも目を向けず、ひたすら本に没頭して砂漠を抜けていく。

景色が見えるようできるだけ高いところに登り、新しく現れた猛禽だの、トレイラートラックだの、奇妙な形の山だの、ラクダに乗ったトゥアレグ人だのを指差してみせる人々もいる。

踊る連中は音楽のボリュームを最大にまで上げ、砂の凹凸に揺れるトラックの動きに自分たちの縦揺れや横揺れを加えている。写真好きな連中はつねにカメラを構え、レンズを通してのみ砂漠を経験している。

午後は平坦で平穏そのものだ。私たちはおそらく火山の影響であろう奇妙な岩石群、ガラ・エカルのそばにテントを張った。ゴットランド島にある奇岩《ラウク》を思い出す。どの岩にも深々と溝が刻まれ、ひびも入っていてスポンジのようにすかすかに見えるが、それでいて金属のように硬く、かつて周

囲にあったはずのなによりも耐久力があることは明らかだ。まわりにあったものは全部消えてしまっているのだから。

82

インゲザムの国境検問所は評判が悪い。横柄な警官や税関職員が人をタムへ、いや、あわよくばアルジェまで送り返そうとして、次から次へと新たな理由をでっちあげるという話で、数えきれないほどの逸話が流布している。警官が昼休みに入った十時から、同じ警官がシエスタを終えて戻ってきた四時半まで、直射日光の中で延々と待たされたという話も聞く。

そんなわけで、私たちは最悪の事態を覚悟していた。私は黒に近い色の背広に清潔な白シャツ、ネクタイという姿で、トラックの乗客の中で唯一フランス語を話せる者として、警官相手に適切な話題を見つける任務を与えられた。

そこで、私はこう言ってみる――大変でしょうねえ、こんな陸の孤島みたいなインゲザムに赴任して、暑さやら埃やら難民キャンプからの伝染病のリスクやらにさらされているのに、給料には三十一・五パーセントしか手当がつかない。もっと中央に近い、ここよりも千百キロメートルはアルジェに近いインサラーで働いている人たちには、県都であるタムからそちらのほうが遠いというだけの理由で、三十五パーセントの手当がつくというのに。まったく、給料にこんな差があるなんて、じつに不公平で憤慨すべきことですよ。

以降、税関や警察に悩まされることはいっさいなくなった。彼らは私たちが昼休み前に通れるよう、時間が過ぎても仕事をしてくれた。

国境検問所を過ぎると、そう簡単には越えられない砂丘地帯が広がっている。その先は砂と小石の平地で、あまりに平坦なので驚くべき蜃気楼が浮かびあがる。あちこちに島があり、澄みきった海水が日差しを浴びて誘うように輝く、広大な海を進んでいる気がするほどだ。

83

さらに何時間か進むと、大きな木々が地平線付近に現れた。アッサマッカだ。

砂漠では木が恋しくなる。日陰をもたらしてくれるからというだけではなく、木々が宇宙に向かって伸びているからだ。地面が平らだと空が低くなる。木々はあんなにも大きいのに、空には遠く及ばないから、そのおかげで空が高く見える。木は空間をつくる。そうして宇宙もつくってくれる。

国境警備の警官がいるのは泥を固めた小屋で、置き去りにされた私物であふれかえっているのがまるで廃品屋のようだ。表面のつるつるになったタイヤ、使えなくなったラジオ、埃にまみれたぼろ布、黄ばんだ印刷物、割れたコップ、半分しかないランプシェード、そして、警棒。雑然とした中、彼は壊れていないベッドで寝起きし、壊れていないテーブルで働き、壊れていないトランジスタラジオに耳を傾けている。

彼の仕事は、入国者が三千フランス・フランに相当する額を持っているか、または有効な帰りの航空券を持っているかどうかを確認することだ。

あなたは貧しすぎるから世界の最貧国のひとつにも入れない、と人に告げなければならないというのは、なかなかにデリケートな仕事である。そもそも多くの人にとって、経済力を評価されるというのは、公の場で性的能力を話題にするのと同じぐらいデリケートなことであるらしい。

だが、彼はこの仕事を機嫌よく、分別をはたらかせながらこなしている。電卓がないので、あらゆる通貨を頭の中でフランに換算しなければならないが、それでも手際がいいし愛想もいい。とはいえ、これほど人が多ければ当然それなりに時間がかかる。私たちの手続きが終わったときには、太陽がすでに地平線をかすっていた。

目と鼻の先にバーがある。タム以来はじめてのバーだ。ニジェールではビールがアルジェリアのおよそ半額であることが判明する。しかも瓶の大きさは二倍で、在庫は無尽蔵にあるようだ。だれかがさしあたり、全員にビールを二瓶ずつ注文し、そうして宴会が始まった。みなが声を合わせて歌い、言葉を唱和し、どっと笑い、取っ組みあい、乾杯のたびに歌いだしては手を打って拍子をとる。

深夜、バーが閉まると、ビールですっかり頭の緩んだ十八人が奇声をあげながらトラックに駆け寄って飛び乗り、両手に瓶を一本ずつ持って叫んだり笑ったりしながら暗闇の中を進んでいった。十キロ、二十キロ、いや、ひょっとすると三十キロメートルは進んだだろうか、砂の中のどこかでトラックが停まり、宴会が続く――暗闇の中で追いかけあい、ごろごろ転がり、酒をあおり、喧嘩し、交尾し、笑い、しゃっくりし、吐き、しまいには未明、みんなが砂の中で散り散りになって眠りに落ちた。

84

テントの布が鞭のようにしなる音で目が覚めた。風が強くなっている。時刻は四時だ。寝袋、ノート、トランク、私自身の身体、なにもかもが砂に覆われている。まぶたは網膜をこする紙やすりのようだ。空気の密度が濃すぎて息ができない。

恐怖を感じる。ここでまた寝入ったら砂に埋もれてしまいそうで、寝袋の中にとどまっている勇気がない。這い出て外を見ようとする。テントが風船のようにふくらんで地面から浮きかけている。トラックはもう見えない。なにもかもが消えてしまった。濃くたちこめた砂の中では懐中電灯の光も無力だ。

私は服を着ると、寝袋を毛布のようにしてそれにくるまった。時が過ぎていく。テントに砂がこすれてガサガサと音をたてる。意味のない言葉の羅列が頭の中を流れていく。わが家にまさるところなし、やっぱり家がいちばんさ。少年よ、恐るるなかれ。おお椰子の木、おお椰子の木、いつもみどりよ。

ときおり風が弱まったように感じられるが、強まった気がすることもある。夜が明けても変化はなく、空気はあいかわらず不透明だ。私はその中で、生き埋めになったかのように座っている。恐怖がじわじわと忍び寄ってくる。

口に入った砂をボトルの水ですすぎ、もう少し楽に息ができるよう、指先を水につけて鼻の穴の内側を洗う。そもそも水があること自体が幸運だ。水は貴重品だ、見ればわかるだろう？　ああ、ミネラルウォーターの一杯でもあったなら！

九時になった。消えたトラックがどこにあったか記憶をたどる。砂嵐の研究者はみな、地表近くがもっとも危険だと声を揃える。そこでは重い砂が空飛ぶ絨毯のように滑り、軽めの砂粒は地面を跳ねながら飛んでいく。ほんとうに宙を舞っているのは埃だけだ。

砂埃が吹き飛ばされたあとも、砂そのものは、分厚く垂れこめながらも上面はくっきりと平らになっている雲のように、地表付近を移動しつづける。砂雲の上に人の頭と肩が突き出て、風呂に入っているように見えることがよくある、とバグノルド〔一八九六～一九九〇　イギリスの砂漠探検家、地質学者、軍人〕は言う。地面が石や岩に覆われていると、雲は二メートルもの高さに達しかねないが、ここのように緩い砂の地面であれば、雲はたいてい、はるかに薄くなる。

ということはつまり、車高の高いあのトラックに乗れば助かる！　記憶が正しければ、ここから十メートル、せいぜい二十メートルしか離れていないはずだ。あのトラックに乗りさえすれば、砂嵐の上に頭を出して、また息を吸えるかもしれない。ほかのみんなはきっともう乗っているんだ！老いも若きも猫も杓子も、みんなまとめてあの中だ。私も這っていかなくては！

だが、もしトラックを見つけられなかったら？　ここに戻ってくることもできなくなったら？砂嵐の中で移動してはいけない、もとの居場所にとどまるべきだ、この道の権威はみな、そう口を揃える。私はその場にとどまることにした。三匹の山羊は橋を渡ってがらがらどん。だが、私はここにとどまる。わが屋にまさるところなし、やっぱり池がいちばんさ。私はここにとどまる。わが神、わが神、なぜ私をお埋めになったのですか。

突如、シューベルトのピアノソナタハ長調から、クリスマスソングの旋律がふっと聞こえてくるときのように、私は悟る——これが最期だ。私は、ここで死ぬのだ。

ストックホルムの街中の公衆便所でヘロインをやりすぎて死ぬのも、サハラの砂嵐の中で砂漠のロマンに夢を見すぎて死ぬのも、どちらもじつに馬鹿馬鹿しいことだ。ハレ・クリシュナ、晴れ・クリシュナ、そろそろ雨は降らないか?

85

〝人間は静かに登場した〟——テイヤール・ド・シャルダン〔一八八一〜一九五五　フランスの古生物学者、思想家〕は歴史の誕生についてそう述べた。

人間は静かにやってきた。だれにも言わずに。ひっそりと。音もなく。

では、人間はどのように去るのだろう? 同じように、音もなく?

どちらにしようかな、天の神さまのいうとおり。すべては運と偶然だ。大声を出してなんになる?

終わるまで待つ、ただそれだけだ。

86

私が受けた教育に、死は含まれていなかった。

小中高で十二年を過ごし、そのあとあちこちの大学で十五年を過ごしたが、死ぬ技術について教わったことは一度もない。そもそも死が話題にのぼったことすらなかったと思う。

いまこうして、アーリットに着いてぐっすり眠り、シャワーを浴びて身体にたっぷり水を補給したあとで——恐怖の締め付けが緩まったいまになって、あらためて振りかえってみても、死が一度も話題にのぼらなかったのは奇妙なことだと感じる。

いや、一度だけあった。テンネセンというノルウェー人の哲学者が来て実践哲学の講義をしたときのことだ。彼はこう言った——

生まれることは、高層ビルのてっぺんから飛び降りるのと同じだ。

生きるというのは、死に向かって絶え間なく突進することである。

人生で確かなのはただひとつ、死だけだ。

われわれが関心を寄せるべきなのはただひとつ、死だけだ。

死以外のことについて考えるのは、現実逃避にほかならない。

社会、芸術、文化、人間の文明そのもの、すべてが現実逃避であり、われわれがつねに空中を落下し、一瞬ごとに死へ向かっていることを忘れたいがための、集団的な自己欺瞞にほかならない。

ほんの数秒で死にたどり着く人もいれば、数日かけてたどり着く人もいるし、何年もかかる人もいる。だが、それはどうでもいいことだ。どの時点でたどり着くかはどうでもいい。重要なのは、ただひとつの結末がわれわれ全員を待ち受けているということだ。

「それで、結論は?」と私は訊いた。「残っている七秒なり七十年なりのあいだに、なにをすればいいんでしょう」

テンネセンに勧められたのは、私の記憶が正しければ、完全に受動的であることだった。なにもするべきではない、なぜなら死はけっして避けられないものであり、そこへ向かう道のりで起きたことはすべて無駄になるのだから、と。

私には賛同できない結論だった。

テンネセンの比喩はまちがっていると私は思った。高層ビルから飛び降りて、あと七秒しか生きられないとしたら——まあ、たしかに、なにかの行動を起こす意味はあまりないだろう。だが、人生は高層ビルから飛び降りるのとはちがう。与えられている時間は七秒ではなく、七十年。たくさんのことを経験し、成し遂げるのにじゅうぶんな時間だ。

人生の短さに無力感を覚えて動くのをやめてしまってはいけない。密度の薄い生き方をやめるべきなのだ。

死の役目は、人間に本質を突きつけることだ。

三十歳前で、下の石畳までまだ長い距離があった私は、そう考えていた。石畳が見えてすらいなかったのだ。

だが、いまの私には、石畳が私に向かって突進してくるのが見える。自分がなにもできずに落ちているのがわかる。

そして、私は自分が受けた教育の欠陥に気づく。どうして死ぬ術を一度も教わらなかったんだろう？

87

キュヴィエの発見
〝the less intellectual races being exterminated〟――知的に劣る人種が根絶される

一七九六年一月二十一日、二十六歳と若く野心にあふれ、パリにやってきたばかりのジョルジュ・キュヴィエが、設立されてまだ間もないフランス科学・芸術国立学士院で、最初の講義をおこなった。

キュヴィエは人を惹きつける力のある生き生きとした話し手だった。この場は彼にとって、学界で名を成すだけでなく、パリの社交界でも知られた存在となる大きなチャンスだった。当時の上流の人々はみな、科学講義に群がっていたからだ――とはいえ、それにはセンセーショナルな内容であることが条件だった。

キュヴィエはセンセーショナルだった。彼が話したのは、マンモスやマストドンのことだ。当時、これらの巨大な象類の化石が、ちょうどシベリアや北米で見つかったばかりだった。これらの動物が、インド象やアフリカ象と同じ種に属しているのではなく、まったくべつの、もう絶滅してしまった種であることを、キュヴィエは証明してみせた。[38]

88

もう絶滅してしまい、存在しない――その一点が、聴衆の毛を逆立たせた。

十八世紀の人々はまだ、宇宙は最初から完成されていたのであってなにも加えることはできない、と信じていた。だがむしろ、なにも差し引くことはできない、という思い込みのほうが、人々の心の平穏のためには大切だったかもしれない。神がかつて創造した生物はすべて、神が創造した世界にそのままとどまっていて、消えることなどありえないと信じられていた。

しかし、そうだとしたら、古代から謎とされてきた巨大な骨、動物に似た奇妙な石の存在を、いったいどう説明すればよいのだろう？　それが絶滅した動物種の残骸かもしれないという不穏な思考を、学者たちは最後の最後まで避けてきた。一七九九年、米国のトーマス・ジェファーソン副大統領はこう書いた――「自然という鎖の環がひとつでも切れてしまったら、それらが次々と切れて、ものごとの秩序が少しずつ、完全に失われていくかもしれない」

キュヴィエがかきたて煽ったのは、そういう恐怖だった。[39]

89

絶滅して消えてしまった種があるかもしれないという考えは、人々の心にあまりにも強い抵抗感をもたらし、受け入れられるまでに百年を超える年月を要した。

始まりは一七〇〇年。ひょっとすると〃エスペス・ペルデュ〃、つまり〃失われた種〃があるのかもしれない、とフォントネル〔一六五七～一七五七　フランスの思想家〕がおそるおそる述べた。まるで自然が不注意で失くしてしまったかのような物言いだった。

半世紀後、ビュフォン〔一七〇七～一七八八　フランスの博物学者〕がその博物誌の第一巻『地球の歴史と理論』の中で、〃エスペス・ディスパリュ〃、つまり〃消えた種〃について述べた。それらの種は道に迷い、戻ってこられなくなったのかもしれなかった。[40]

キュヴィエは自然がうっかりしていたかのような言い方はしなかった。むしろ、これは犯罪であり大量虐殺だ、と言った。彼に言わせれば死に絶えた種は失われたのでも消えたのでもなく、〃エートル・デトリュイ〃、つまり破壊された、死んだ、殺された生物だった。一個体ずつ死んだのではなく、大規模な災禍が何度も繰りかえされたことで大量に殺されたのだ。キュヴィエはそうした災禍を〃地球の革命〃と呼んだ。フランス革命を経験したばかりの聴衆に、これはいやおうなしに強烈な印象を残した。

つまり、フランス革命暦四年雨月《プリュヴィオーズ》一日であったこの日、市民キュヴィエが示してみせたのは、突きつめればこういうことだった――この場にいる聴衆はフランス革命の恐怖政治をかろうじて生き延びたが、多くの由緒正しい貴族の家系が全滅させられた。これに相当する地質学的なできごとが太古の昔に起きて、当時存在していた動物種の中でもきわめて大きな種がいくつも死に絶え、永遠に消え去ったのだ。

話はここで終わらない。キュヴィエは最後にこう予言した――死に絶えた種に取って代わった新たな生物もまた、いつの日か根絶やしにされ、ほかの種に取って代わられるだろう、と。

90

キュヴィエはあっという間に出世した。彼はフランス科学界のナポレオンとなった。が、権力を握った人間としては珍しいことに、キュヴィエはヒエラルキーというものに懐疑的だった。生物の〝梯子〟があるという考え方こそが、彼に言わせれば科学における最大の誤謬だった。比較解剖学講義で彼はこう述べている――

「ひとつの種や科をほかの種や科よりも先に位置づけているからといって、自然の体系の中でその種や科がより完全に近いとか、よりすぐれているとかいったことにはならない。そのような主張ができるのは、あらゆる生物を一列に並べられると思いこんでいる者だけだ。自然の研究を進めれば進めるほど、このような思い込みこそ、自然史に入りこんだ中でもっとも真実から遠いものだという確信が深まった。ひとつひとつの生物、ひとつひとつの生物群を、それぞれ独立した形で検討しなければならない……」

ある特定の器官にかぎって考えるなら、より単純な生物から、もっと複雑な、もっと完全な形に近い生物へという、長い連鎖を築きあげることもできなくはない。だが、どの器官を選ぶかによって、まったくちがったヒエラルキーが生まれる。たったひとつの〝梯子〟が存在するのではない。生物は〝網《ネットワーク》〟状につながっているのであって、どの生物もなんらかの特徴を互いに共有している、とキュヴィエは考えた。そうした特徴のひとつを恣意的に選び出すことによって、学者はこのネットワークの中に、一見したところ階層的であるかのような秩序を見いだすことができる、というだけなのだ。

このことをキュヴィエはわかっていた。にもかかわらず、この一見したところ階層的であるかのような秩序というのが、彼の思考に見えない影響を及ぼしていた。十六巻に及ぶ著作『動物界』(一八二七〜一八三五)で、人類を三つの人種に分類した彼は、ヒエラルキーなど存在しないということをすっかり忘れてしまっていた。

キュヴィエは〝黒色人種《ネグロイド》〟について、顎部が突き出ていて唇が分厚く、類人猿により近い人種である、と述べている。「この種に属する人々は、現在に至るまで完全な未開状態のままである」[41]

91

中世のヒエラルキーでは、人類はただひとつであり分けることなどできなかった。神が自らの似姿として創造し、被造物の梯子の最上段に置いた生物、それが人類だった。[42]

中世の神学にあった抽象概念としての人類を、はじめていくつかの種類に分け、より動物に近い種もあるとしたのが、ウィリアム・ペティだった。「人間にもいくつか種類があるようだ」と、ペティは『被造物の梯子（*The Scale of Creatures*）』（一六七六年）で述べている。「ヨーロッパ人は、既述したアフリカ人と比較すると、肌の色だけでなく……脳に内在する特徴も異なっていると私は主張する」

人類はここで、国や民族に分けられるだけでなく、生物学的に異なる種として分類された。だが、これはごくさりげない形でおこなわれていたので、ほとんど注目を集めなかった。

十八世紀はじめ、解剖学者エドワード・タイソンが、被造物のヒエラルキーの失われた環《ミッシング・リンク》探しに乗りだした。著作『オランウータンまたはピグミーの解剖学（*Orang-Outang or the Anatomy of a Pygmie*）』（一七〇八年）でタイソンは、猿の身体の構造がほかの動物よりも人間のそれに近く、ピグミーはほかの人間よりも猿に近い、と示してみせた。タイソンはピグミーを「完全に獣（brute）である」と分類したが、それでも人間にとても近いので、「被造物の鎖において、ピグミーは猿と人間をつなぐ環であると私は考える」と述べている。

タイソンもその当時はさして騒がれなかった。十八世紀末、ヨーロッパが世界の覇権を握りはじめたところで、人種のヒエラルキーという考え方がようやく本格的に広まりはじめた。

キュヴィエの最初の講義が印刷された一七九九年、マンチェスターの医師チャールズ・ホワイトが、人種のヒエラルキーをはじめて詳しい論拠や挿絵とともに提示してみせた――『人類の標準的な等級についての報告（*An Account of the Regular Graduations in Man*）』だ。ホワイトはこの中で、ヨーロッパ人がほかのどの人種よりも上だと〝証明している〟――

「このように高貴な曲線を描き、これほど大量の脳物質の詰まった頭が、ヨーロッパ人以外のどこに見受けられるだろう……この垂直な顔、高い鼻、丸みを帯びて突き出た顎は？　こんなにも多様な顔立ち、こんなにも完成された豊かな表情……薔薇色の頬、珊瑚色の唇が、ほかのどこに見受けられるだろう？[43]」

とくに広く流布したのが、ホワイトの説を示した挿絵――横顔が一列に並んでいて、ダチョウとヨーロッパ人が両極に位置し、中ほどに猿や先住民がいる――で、私が子どもだったころにもまだちょくちょく見かけたほどだ。この絵には当時からすでに抗いがたいほどの説得力があったようで、その力は十九世紀、ヨーロッパの軍事技術の発展とともに高まっていった。

92

私は兵役に就くことになった。指示がソフトなパステルカラーで書いてあり、ストックホルムのレストラン〈ヴェードホルム〉の魚料理のレシピかなにかのようで、なんとも美味そうだ。地の色は砂丘のような穏やかなサンドベージュ、ムール貝の黒い殻で飾ってある。出てきた料理は青みがかっていて紫に近い。じっくり見てみると、それは人間の死体だ。死んでおぞましく膨れ、もとの姿を失った私自身だ。

93

キュヴィエによると、つねに人体を分解しようとしている化学的・物理的な力を阻む状態は、たったひとつしかない。この状態が〝生存〟と呼ばれる。

キュヴィエの生存状態が終了したのは一八三二年、ヨーロッパを襲った最初の大規模なコレラ流行の最中だった。本人が亡くなる前に、彼の子どもがみな亡くなった。[44] キュヴィエという種は消滅したわけだ。

バルザックは『麤皮』(一八三一年)で彼を称賛した。キュヴィエの地質学の著作を読んで、果てしない宇宙、永遠なる時へと投げこまれたことはあるか？　キュヴィエこそ、今世紀のもっとも偉大なる詩人ではないか？　彼は無を喚起し、死に生命を与える。いわば過去を描いた黙示録のごとく、死に絶えた世界の恐ろしい復活を経験させてくれる——そうなると、「はじめは名もなく、やがてわれわれが『時間』と名づけた、あらゆる領域に共通するあの無限のなかで享受することが認められている断片、つまり短い人生などは、取るにたりないものにすぎない」

このように、キュヴィエは同時代の人々の想像力をかきたてた。死を解剖してみせ、死は個々に訪れるだけでなく、種そのものをごっそり消してしまうものでもあるのだと示した。彼はパリの人々を石灰岩の石切場へ連れていき、この街がじつは太古の昔に絶滅した生物の巨大な集団墓地であることを示した。これらの生物たちが破滅を迎えたように、そのあとに続くわれわれもいつか破滅を迎える。いまこうして踏みしめている地面から、われわれの運命が読みとれるわけだ。

これは科学への大きな貢献だった。キュヴィエの業績が本人の死後、彼自身が見抜いて嫌悪しながらも罠にはまった例のヒエラルキー思考と結びつけられてしまったのは、けっしてキュヴィエのせいではない。だがいずれにせよ、こうして死をもたらす新たな思想が誕生した。その内容を手短に要約するなら、やはり「すべての野蛮人を根絶やしにせよ」ということになる。

94

一八二九年二月二十三日、若いイギリス人地質学者チャールズ・ライエルが、キュヴィエを訪ねたときのことを手紙に書いている。キュヴィエの仕事部屋が完璧に整理されていることに、ライエルは深い感銘を受けた。だがじつは、この強迫的な整理整頓癖こそが、おそらくキュヴィエの最大の弱点だった。

彼は家庭でも学校でも厳しく躾けられて育った。フランス革命の混沌を経験したことで、彼は故郷から携えてきた秩序をよけいに必要とするようになった。

キュヴィエは終生、化石から読みとれる壊滅的な災害の影響について研究しつづけた。平穏と安定を終生求めつづけた。自然も社会と同様、厳然たる法に従うべきだと考えた。変容は彼にとって恐怖の源だった。変化よりも破滅を好むのが彼の性質だった。

フランス革命が、まだ若かったキュヴィエの人生を決定づけた。ライエルのほうはむしろ、イギリスの産業革命に影響を受けていた。たったひとつの暴力的な災害ではなく、何千もの小さな、ひとつひとつは目に見えないほどの変化を通じて、社会が根底から姿を変えていくのを見てきた。

ライエルは十九世紀イギリスにおける地質学の古典、『地質学原理』(一八三二年)を著した。この中で、ライエルは自分の社会観を地球の地質学的な歴史に投影した。災害など起きていない。地質学的な現象はみな、いまなお周囲に見られるのと同じ、ゆっくりとしたプロセス——つまり、侵食、堆積、隆起、沈降の結果として説明できる。

では、大量絶滅は?

死に絶えた動物種もまた、同じ形で絶滅したのだとライエルは考えた。つまり、生息条件がゆっくりと変化したからだ——洪水や旱魃が起き、食料が手に入りにくくなり、競合するべつの種が勢力を拡大する。場所が空けば、変わってしまった状況にうまく適応した種が、そこに移動してくる。

種が絶滅する最大の理由は、不利な変化が起きたときに柔軟に適応できないからだ。ライエルは産業革命下の市場にこの原則を見た。そして、自然界にも同じ原則がはたらいていると考えた。

95

いま、これを書いているアーリットのホテルの部屋から、不意に、中身のない額縁を抱えて近づいてくる男の姿が見えた。

ふだん窓の外に見えている光景はまったくちがう。女性がひとり隅のほうに立って、丸いへこみのいくつも入った黒い金属プレートで、緑色の油を使って小ぶりのパンケーキを焼いている。茶売り人が湯を沸かそうとして赤熱した金属製のかごを揺らしている。少年たちが何人か、木の棒や空のバケツで楽団ごっこをしている。ここアーリットのリズムは、タムとは明らかにちがっている――タムよりのんびりしているが、それでいてより活発だ。力が抜けているから。

ふだん窓から見えるのは、そういう光景だ。ところがいま、白いマントをまとった背の高い黒人男性が、重そうな金の額縁を抱えてやってきた。

額縁が、抱えている本人を縁取っている。足と頭だけが額の外に出ている。

額縁が彼を周囲から切り離し、目立たせ、高めているようにすら見えるのが不思議だ。

彼がふと立ち止まり、片方の肩からもう片方の肩へと額縁を担ぎなおすと、まるで額縁の中から出てきたように見えた。こんな簡単なことはほかにない、とでもいうように。

96

ドキュメンタリーには、それがどんなに真実に沿っていても、少なくともひとりは架空の人物がいる。語り手だ。

私がつくりだした中でだれよりも虚構に近い人物は、博士論文で研究を進める〝私〟だ。無知を装っている状態から、ゆっくりと知識に到達する〝私〟。偶然に導かれてぎくしゃくと知識に至った実際の私とは異なり、段階を踏んで、証拠をひとつずつ集めて、ルールどおりに進んでいく。

〝キュヴィエ〟〝ライエル〟〝ダーウィン〟——それぞれの著作の中で、彼らはみな架空の人物だ。彼らがなんらかの発見に至るまでの物語は、彼ら自身のことがなにも語られていない以上、まさに物語にすぎない。個人的なことを排除した科学的な〝私〟はフィクションであり、それに相当する人物は現実には存在しない。

〝私〟が砂漠で経験している現実は、濃縮されているとはいえ、まぎれもないほんものだ。私はほんとうにアーリットにいる。金の額縁を抱えた黒人男性を見ている。だが、私はけっして額縁から外に出られない。そういうものだ。

なにかの本を読んでいて、〝私〟という言葉が使われている（あるいは避けられている——避けるのもひとつの使い方だ）のを見るやいなや、私はこう判断する——これは架空の人物なのだ、と。

97

ダーウィンは、ビーグル号での航海に、ライエルの『地質学原理』を持参していた。[45]

一八三四年春、彼はパタゴニアで、比較的新しい地質年代に生息していた大型獣の痕跡を発見した。その年代以降、大規模な隆起や沈降は起きていない。こんなにも多くの種が死に絶え、ひとつの属がまるごと絶滅することもあったのは、いったいなぜなのか？

「ややもすると、はじめは大異変が発生したからだと性急に信じたくなる」明らかにキュヴィエの災害仮説を意識して、ダーウィンはそう書いている。「しかし、南パタゴニア、ブラジル、ペルーのコルディエラ、北アメリカからベーリング海峡にまで及ぶ、大小を問わない動物たちを絶滅させようとすれば、地球の骨組み全体をゆさゆさと揺すらねばならないはずだ」

地質学的な調査をしても、そのような揺らぎが起きたという証拠は得られなかった。

なるほど、それなら気温はどうだ？　ダーウィンは逆にこう問いかける——気温がどのように変化したら、赤道の両側の熱帯、温帯、寒帯において、同時に動物界そのものが破滅するというのだろう？

「たしかに長い世界史のなかにあって、地上の生物たちが広範囲に——それも繰りかえし絶滅していった事実ほど、人を驚嘆させるものはないのである」

だが、べつの観点から見れば、こうした絶滅現象はさほど驚くべきことでもない、とダーウィンは続ける。どこかの地域で人間がなにかの種を絶滅に追いやったケースを見てみると、まずその種がだんだん希少なものとなり、やがて絶滅するということがわかっている。すでに希少なものと化している種が自然界にあることも、それがだんだんさらに希少になっていくことも、われわれにとっては驚きでもなんでもない。だとしたら、そうした種がやがて死に絶えることに、なぜわれわれは驚くのだろう？

98

化石を研究することで、生物の絶滅についてのみならず、その起源についてもいろいろなことがわかるだろう、とダーウィンは述べている。

彼の知識はすでにじゅうぶんだった。あとはそれを理解し、結論を出すだけだった。キュヴィエの世界では、最初に生命の誕生する創造の営みがあり、最後に生命の死に絶える絶滅の営みがあった。ライエルは、すべてを破滅に追いこむ大災害ではなく、たくさんの小さな、緩やかに影響を及ぼす原因を想定したことで、キュヴィエの世界の美しい対称性をぶち壊した。

だが、古い種がゆっくりと自然に死に絶えることがあると認めるなら、新しい種も同じようにゆっくりと、古い種を破滅させたのと同じ自然な理由で誕生するのでは、という考えも突飛ではなくなる。絶滅に大異変が必要ないのなら、誕生にも創造の営みなど必要ないのではないか[46]？

このような理屈で、ダーウィンは『種の起源』（一八五九年）へと至る道を、一歩、また一歩と進まざるをえなくなった。

99

キュヴィエは同僚のラマルクと終生争っていた。ふたりの論争の焦点は――種は発達しうるのか否か？

ラマルクは発達すると信じていたが、そのメカニズム、すなわち自然淘汰の発見には至っていなかった。キュヴィエは逆に、いかにも彼らしく、種が変化することはないと主張した。

この主張を支えるため、キュヴィエはひじょうに説得力のある科学的な根拠を提示した。動物種がべつの種から発達して生まれるのだとしたら、すでに絶滅した種といま生きている種とのあいだに位置する移行期の形態を、われわれはどこかで目にしているはずだ。そういう移行期の形態が存在しないのだから、発達説はまちがいである、というのがキュヴィエの考えだった[47]。

ダーウィンはキュヴィエの反論をきわめて真剣に受け止めた。この主張に反駁できないのなら進化論は捨てるしかない、とまで書いている[48]。

だが、ダーウィンにはキュヴィエの反証を説明できる自信があった。移行期の形態は存在したが、もっとうまく適応した新しい種にあっという間に駆逐され、地質記録に痕跡を残す前に生存競争に負けてしまったのだ、というのがその説明だった。

形態のよく似ている種のあいだでこそ、生存競争はもっとも厳しいにちがいない、とダーウィンは想像した。「そのため、改良され変化した子孫は親種の消滅を引き起こすのがふつうだろう」

移行期の形態が存在しない理由はつまり、ダーウィンに言わせれば、一種の生物学的な親殺しだった。進化は革命のように自分の子どもを喰らいはしない。親のほうを一掃するのだ。

100

ライエルに宛てた一八五九年の手紙で、ダーウィンは、これと同じプロセスが人種間でも起きているのかもしれない、という考えを披露した。「知的に劣る人種が根絶される」プロセスだ。[49]『人間の由来』（一八七一年）で、ダーウィンはこの考えを公にした。猿と文明化された人間とのあいだにはいま、ゴリラや蛮人といった中間形態が存在する、と彼は第六章で述べている。だが、これらの中間形態はどちらも絶滅へと向かっている。「世紀で測るほど遠くはない将来、文明化した人種はおそらく世界中の野蛮な人種を絶滅させ、置き代わってしまうだろう」

同様にゴリラも絶滅する。いま黒人やオーストラリア先住民とゴリラとのあいだにあるギャップよりも、さらに大きなギャップが将来、下等な猿たちとさらに文明化された未来の人類とのあいだに、ぱくりと開くことになるだろう。

それは、種が死に絶え絶滅したあとの空白だ。

アガデスへ
〝dashing out their brains〟——連中の頭を叩き割る

101

アーリットのバスターミナルで、私は入り口にいるベールをかぶった男性に尋ねた——

「事務所は開いていますか？」

「その前にまずは挨拶しましょう」と、現地人は軽くたしなめるように答える。この人は、自分の種が死に絶えるかもしれないなどとは微塵も考えていない。少なくとも、もうしばらくのあいだは。

私たちはそれからひとしきり〝調子はいかが？《サ・ヴァ》〟〝順調です《サ・ヴァ・ビアン》〟〝そちらはいかが？《サ・ヴァ》〟と言いあった。そのあとに彼が、事務所は残念ながら閉まっていると教えてくれた。次回は運がめぐってくるといいですな！

次回、私は無事に切符を買えた。が、そこで荷物を地面に置いて、町の反対側にある警察署へ赴き、切符を見せてパスポートを受け取り、バスターミナルに戻ってこなければならなかった。戻ってみると、ちょうど私の荷物がミニバスの屋根の上に詰めこまれるところだった。屋根の上にはほかに、油にまみれた樽、穀物の入った袋、そして屋台がまるごとひとつ——屋根を支える棒、商品を広げる台、布に包まれた商品、すべてが載っていた。さらに、乾燥して眼窩が空洞になったラクダの頭もひとつ。

それが終わると、今度は乗客が詰めこまれた。座席は三種類あって、女性用、黒人男性用、トゥアレグ人用に分かれている。私はトゥアレグ人にまじって座らされた。三十二人が押しこまれる。自分の唇を舐める余裕があるかぎり混雑しているとはいえない。車掌たちがバスを押して発進させ、走って追いつき、車内に飛びこんでドアを閉める。

アガデスまでは二百五十キロメートル、道路の状態は悪くない。地面は岩盤だ。乾燥した皮膚が腕からはがれていくように、砂漠もはがれていく。やがてまばらで色の薄い草原が現れた。低地に集まった草が、単調な風景に刺激をもたらす。まるで腕に生えたブロンドの産毛のように、藁に似た亜麻色に輝いている。

エーランド島にある石灰岩地盤の草原や、ゴットランド島のもう使われていない石灰岩採石場を思い出す。この白っぽくて丈の低い、まばらな草には、私に強烈な幸福感をもたらす輝きがある。

そんながらんとした空間の真ん中で、私たちはぎゅうぎゅう詰めにされ、身体も呼吸もきつく寄せあって座っている。ほっそりとした身体つきで、銅色がかった紫のベールをかぶり、黒々と長いまつげをしたトゥアレグ人の若者たちが、なにがあっても破られそうにない沈黙に包まれている一方で、大声で笑い肉厚な笑顔を見せる尻の大きな人々が、色鮮やかで騒がしい女性たちとともに彼らを取り囲んでいる。

これが、文明化された白人によって根絶やしにされるだろうとダーウィンが予想した〝蛮人〟なのか？　こうして同じミニバスに乗っていると、そのようなことを本気で想像するのは難しい。

102

アガデスのホテル〈オテル・ド・ライル〉は、かつてスルタンの宮殿だった。男ふたりが腕をまわしても届かないほどの太い柱が四本ある食堂と、夜になれば専用の階段で涼しい屋上テラスに直接出られる、つねに薄暗がりに沈んでいる客室が有名だ。

そこから広場を見下ろしていると、真新しいプジョー504が停まった。金融マンのようなつやつやの背広を着た若い男がふたり、ひょいと車を降りて、金属板に覆われた小さな机と、そのそばにいる老人のもとへ向かっていく。机には、十字型に重ねた手紙二通の絵が描いてある。ふたりは砂埃の中でしゃがみ、老人に手紙を書いてもらっている。

この中で死に絶える運命にあるのはだれだろう。読み書きのできない背広姿の若者たち？　それとも、文字を書くことのできる老人だろうか。

老人はミナレットにもたれて座っている。ミナレットの高さは十七階、梁が外に突き出ていて、まるで棘のある果物のようだ。中には螺旋階段があり、最後のほうは狭すぎて向きを変えることもできなくなる。全員が上まで上がらなければ、だれも下りてこられない。

家具店に置かれたベッドのヘッドボードに、小さな丸い鏡の装飾がいくつもついていて、日差しにきらきら輝く。塩にやられたタマリスクが何本か、薄い影を落としている。

最初の夕風が、木炭のぶつかりあう音、夕食にそなえて穀物を挽きはじめた挽き臼の音を運んでくる。下の曲がり角の〈シェ・ヌー〉はもう開店しているし、〈オ・ボン・コワン〉と〈ボンジュール・アフリック〉ももうすぐ開く。

仕事を続けるのは明日の朝にしよう。いま、私の前にある問題はこれだ――

キュヴィエは生物種が死に絶えることもあると証明し、当時の人々を恐怖に陥れた。その七十五年後、当時の生物学の権威だったダーウィンが、一部の人種はまるごと死に絶える運命にあると断言しても、大多数の人々は眉ひとつ上げなかった。

いったいなにが起きたのだろう？　ウェルズのいう〝タスマニア人〟とは、いったい何者だったのか？　〝グアンチェ族〟とは？

103

グアンチェ族は、ベルベル語系の言語を話し、石器時代の生活を営みながらも高度に発展していた民族で、ヨーロッパの拡大によって絶滅に追いやられた最初の民族でもある。[50] もともとはアフリカから来たようだが、はるか昔から〝幸多き島々〟、つまり現在のカナリア諸島に居住していて、本土との接点をすでに失っていた。人口はおよそ八万人だったと推測されている――ヨーロッパ人がやってくる前には。

一四七八年、フェルナンド二世とイサベル一世が、大砲や馬をそなえた遠征隊をグラン・カナリア島に派遣した。スペインは平地をすばやく制圧したが、山地ではグアンチェ族がしぶといゲリラ戦を繰り広げた。一四八三年、戦士六百人に加えて千五百人の女性、子ども、老人がついに投降した。かつてはたくさんいたグアンチェ族も、もはや生き残りはこれだけになっていたのだ。ラ・パルマ島は一四九四年に降伏した。テネリフェ島は一四九六年まで持ちこたえた。最終的に、グアンチェ族の女性がひとり、スペイン人たちを手招きして言った。「もう戦う相手はだれもいない、恐れる相手はだれもいない――みんな死んだ」

この女性の言葉は伝説となった。四百年後、カニンガム・グレアムが「ヒギンソンの夢」を書いたときにも、まだ忘れ去られてはいなかった。

戦いの行方を決めたのは馬でも大砲でもなかった。勝利したのは病原菌だ。先住民はこの見知らぬ病を〝モドラ〟と呼んだ。テネリフェ島で暮らしていた一万五千人のうち、生き残ったのはほんの一握りだった。

森の木々は伐採され、植物も動物もヨーロッパ化されて、グアンチェ族は自分の土地を失い、そうして生活の糧を失った。モドラが何度も繰りかえし襲いかかり、赤痢や肺炎、性病が蔓延した。病を乗り越えた人々も、隷属によって親戚を、友人を、言語を、生活様式を失い、それで亡くなった。ジロラモ・ベンツォーニが一五四一年にラ・パルマ島を訪れたとき、グアンチェ族はひとりしか残っておらず、八十一歳で、つねに酒に酔っていた。グアンチェ族は死に絶えたのだ。

東大西洋に広がるこの群島、カナリア諸島は、ヨーロッパ帝国主義の育った幼稚園のようなものだと言えるだろう。まだ生まれたばかりの帝国主義者たちはそこで、ヨーロッパの人間も植物も動物も、本来の生息地でない地域でうまくやっていけるということを学んだ。

彼らはまた、先住民のほうが数のうえでは勝っていて、激しく抵抗してきたとしても、最終的には先住民のほうが負けるのであり、死に絶えることすらあるとも学んだ。が、どうしてそうなるのかは、だれにもよくわかっていなかった。

104

十二世紀から十三世紀にかけて十字軍として東に向かったヨーロッパ人は、自分たちよりもすぐれた文化を誇り、外交的なずる賢さや技術的な知識もそなえていて、そのうえ伝染病の経験も豊富な民族と出会った。病原菌への抵抗力が劣っていたせいで、多数の十字軍騎士が亡くなった。十五世紀、ヨーロッパ人は西へ向かったが、今度はこちらのほうが強力な病原菌の保持者となっていた。ヨーロッパ人がやってくるやいなや、至るところで人々が死に絶えた。

一四九二年、コロンブスがアメリカ大陸に到着した。そのあとに人口がどれほど激減したかについてはさまざまな説がある。いずれにせよ、世界史上ほかに類を見ない規模であったことはまちがいない。[51]

現在広く流布している説によれば、コロンブスの到着時点でアメリカ大陸の人口はヨーロッパと同程度、つまり七千万人を超えていた。それからの三百年で、世界の人口は二百五十パーセント増加した。ヨーロッパの人口増加のペースがもっとも速く、四百～五百パーセント。ところがアメリカ先住民は九十～九十五パーセント減っていている。

どこよりも速いペースで、かつ徹底的に人口が減ったのは、ヨーロッパ人と最初に接触したラテンアメリカの中でも人口密度の高かった地域だ。つまり、西インド諸島、メキシコ、中央アメリカ、アンデス山脈。メキシコだけをとってみても、ヨーロッパ人が一五一九年に到着した時点で二千五百万人いた可能性がある。五十年後、その数は二百七十万人にまで減っていた。さらに五十年後、残っている先住民の数は百五十万人だった。九十パーセント以上の先住民が百年で死に絶えたのだ。

この大半は、戦闘で死んだのではない。病気、飢餓、非人道的な労働条件のせいで、ごく平和的に死んでいった。先住民の社会組織は白人征服者によって蹂躙され、新たな社会で使えると判断されたのはごく一部の人々だけだった。白人のために働く労働力として、先住民は質が低いものとみなされていたからだ。そして、先住民の人口は、数少ない白人が既存の方法で搾取できる範囲をはるかに超えていた。

直接の死因は病気であることが多かった。が、その大元にあったのは、先住民の数が多すぎて、征服者の社会の枠組みの中では経済的価値がないものとみなされた、という事実だった。

これほど悲惨な結果をもたらしておきながら、まだ征服を続けるのはほんとうに正しいのか？この問いは十六世紀スペインの知識人のあいだで活発に議論された。カール五世が一五五〇年四月十六日、征服の正当性を議論しているあいだはさらなる征服を禁止する、と宣言したほどだった。

マグヌス・メルネル〔一九二四～二〇一二　スウェーデンの歴史家〕はこれについて、「西洋の拡大の歴史においてほかに類を見ない措置」だと述べている。

一五五〇年八月にはバリャドリッドで、高位の法学者から成る審議会を前にして討論がおこなわれたが、審議会は一致した判決を出すことができなかった。

だが、出したところでなんの意味があっただろう？　どんな判決が出たとしても、スペインの征服者たちが先住民のものと決めつけた仕事に自ら着手することはなかっただろう。どんな判決が出たとしても、スペインの征服者たちがインディオを劣った生物として扱い、主人に仕えるのが当然なのだから暴力をもって従わせるべきと考えるのを、止めることはできなかっただろう。それでインディオがよくわからない理由で死んでいくのは、たしかに嘆かわしいことではあるが、どう見ても避けようのない運命なのだ。

105

アダム・スミスは、労働力の供給をつかさどる法則をこのように言い表した——

「人間に対する需要は、あらゆる他の商品に対する需要と同様に、必然的に……人間の生産を規制するのであって、その進行があまりにも遅すぎる場合には速め、あまりにも急速な時には停止させるわけである」[52]

この法則はもちろん先住民にもあてはめられた。ラテンアメリカでインディオの労働力が不足しはじめるまで、彼らはどんどん死んでいった。不足しはじめてようやく彼らの価値は上がった。残っている先住民を保護し、彼らが必要とされる経済単位に縛りつけて、その労働力を合理的に搾取できるよう、さまざまな社会改革がおこなわれた。十七世紀、インディオの人口曲線はゆっくりと上向きはじめた。

十九世紀半ばになると、西ヨーロッパに端を発する経済や技術の革新の波がラテンアメリカにも届いた。この結果、ラテンアメリカで採れる原材料や食料の需要が増した。人口増加のペースがそれまでよりも上がり、労働力はさらに厳しく搾取されるようになった。

人口はいまも速いペースで増えつづけている。とはいえ、しばらく南米の労働力需要を増やす要因となっていたヨーロッパの技術・経済革新は、ここ数十年、むしろ逆に労働力の需要を減らす方向にはたらいているようだ。

この傾向が今後も続くことには疑いの余地がない。というより、南米の経済がいまの経済システムの枠組みの中で、つまり現存する唯一の経済システムの枠組みの中で発展を続けようとするなら、この傾向を維持する以外に道はない。

産業は国際市場で競争力を得るため自動化の波に乗る。大農場は機械化されるか、大規模牧畜に移行する。人口が急速に増える一方で、雇用主から見て不適格、余分でしかない人の割合も増えていくだろう。

106

アダム・スミスの法則はいまでも通用するのではないか？　仕事をする権利を保障できない社会は、長期的に見て、生きる権利も保障できないのでは？

十六世紀の人口激減を決定づけた条件のいくつかが、いまふたたび南米に、そして世界のあちこちにみられることは明白だと私は思う。

腹をすかせて必死に生きている何十億もの人々からの圧力は、まださほど強くなっていない。そのおかげで、世界の権力者たちはまだ、クルツの解決策こそ人道的で実現可能な唯一の策、根本的に当然そのものの解決策だ、などとは考えずにすんでいる。だが、その日は遠くない。その日が来るのが私には見える。歴史を学んでいるのはそのためだ。

107

私はいま、ほかのたくさんの人々とともに、トンネルのような地下通路のような場所にいる。みんなが暗闇の中、耐えがたいほどにゆっくりと前に進んでいる。はるか遠い前方のどこかに出口があるらしいが、狭い螺旋階段でひとりずつしか出られないという話だ。入ってくる人のほうが出ていく人よりもはるかに多く、トンネル内は耐えがたいほどに混雑している。何日も立ちっぱなしで数メートルしか進んでいないという人もいる。マルサス〔一七六六～一八三四　イギリスの経済学者。

『人口論』を著した」は床の混雑を避けるため、天井下の管によじ登っている。苛立ちが無気力と絶望に変わっていく。水面下ではすでにパニックの兆しが震えている。

108

アメリカ大陸の先住民のうち、いまの米国にあたる地域には約五百万人が住んでいた。十九世紀はじめにはまだ五十万人が残っていた。一八九〇年、ウンデッド・ニーの虐殺——米国での最後の大規模な先住民虐殺事件だ——があったころに、人口は最低になった。二十五万人、つまり当初の人口の五パーセントだ。

南米のインディオがスペインの占領下で死に絶えたのは、スペイン人が周知のとおり、血に飢えた残酷な民族だからだ、とアングロサクソン人のあいだでは説明されていた。ところが北米にアングロサクソン人が移住した結果、同じ現象が起きたので、ほかの説明が必要になった。まず出た説は、神による介入だった。

「英国人の移住先では神が介入して、部族間の抗争や死に至る病などによってインディアンを取り除き、英国人のため道を整えてくださる」と、ダニエル・デントン〔一六二六年ごろ～一七〇三年初期の北米入植者〕は一六七〇年に述べている。

十九世紀になると、このような宗教的な説明に代わって生物学的な説明がされるようになった。根絶やしになった民族は有色人種、根絶やしにしたほうは白人だ。したがって、人種に関するなんらかの自然法則があって、非ヨーロッパ人の絶滅は世界の自然な発展の一環なのだろう、と考えるのが当然であるように思われた[53]。

先住民が死ぬのは、彼らが劣等人種であることの証明だ。進歩の法則にしたがって死なせてやれ！　一部の人々はそう言った。いや、彼らをどこか遠い場所に移して守ってやるのが人道的だろう、と言う人もいた。そうして移住させたあと、まるで偶然のように彼らの肥沃な耕地を手に入れ、自らの利益のために耕すわけだ。

こうして一八三〇年代以降、北米や南米、アフリカ、オーストラリアの先住民が次々と、根絶やしにされたり強制的に移住させられたりして駆逐された。一部の人種は絶滅する運命にある、というダーウィンの予言は、だれもが知っている歴史的な事実を土台にしたものだったのだ。

その中には、ダーウィン自身が実際に目撃したできごともあった。

109

一八三二年八月にダーウィンが到着したころ、南米の中でもその南西部はとくに遅れていて、ヨーロッパ人による征服がまだ完了していなかった。当時、アルゼンチンの政府がちょうど、パンパをまだ支配していた先住民の討伐を決めたところだった。

討伐の任務はロサス将軍に託された。ダーウィンはコロラド川のそばでロサス率いる部隊に会ったが、これほど唾棄すべき盗賊集団は前代未聞だと考えた。

バイア・ブランカで彼はべつの部隊に遭遇したが、みなぐでんぐでんに酔っ払っていて、血や土、嘔吐物で汚れきっていた。スペイン人の司令官に話を聞くと、この司令官が、捕虜にしたインディオから一族郎党の居場所について、どのようにして情報を絞り出しているかを話してくれた。

彼とその部下たちはつい最近も、その方法でインディオ百十人を発見したのだという。「兵士が男を一人残らずサーベルで突き殺したので」、全員が囚われの身となるか殺害されるという運命をたどった。

「……インディオはみな恐れおののき、一団となって反抗することをあきらめ、妻や子を放りだして逃げ去った。でも、追撃隊に追いつめられると、こんどは一転して野獣のように荒れくるい、相手がどんなに大勢であってもかまわず、最後までたたかった。一人の死にかけたインディオは、敵の指に噛みつき、自分の目玉を刳り貫かれるまで放さなかった」

「まったく、なんとも暗い話である。けれども、次のような疑いようのない事実のほうが、もっとすごかった。というのは、二〇歳くらいらしいインディオの女たちが全員、なさけ容赦なく虐殺されてしまったからなのだ。わたしは思わず、なんてひどいことをするんだと声をあげたけれど、かれはこう答えた。『だがな、ほかに方法があるかね？ あの女たちは、どんどん子を産むんだから！』」

ここに住む人はだれでも、今回の戦争が野蛮な者たちを倒すための正しいたたかいだと、確信している。文明化されたキリスト教の国で、こんな虐殺がいまどき行えるとは、だれが信じるだろう?」

「ロサス将軍の考えは、抵抗する者を皆殺しにし、残った者たちを一か所に追いこみ、チリ軍の力を借りて、この夏、ひとまとめに攻め殺してしまおうというものだった。この攻撃は、三年つづけて反復されるはずだったらしい」[54]

ダーウィンが『人間の由来』を発表した一八七一年、アルゼンチンではインディオ掃討作戦がまだ続いていた。資金は公債でまかなった。インディオのいなくなった土地は債権者に分配された。債券一枚あたり二千五百ヘクタールを受けとる権利があるとされた。[55]

110

私は暗く汚れた都会の風景の中で、一晩中ずっと花を探している。すべてが荒れ果てていて、崩壊と放尿の跡だらけだ。悪臭漂うトンネルで、男がふたり、私に向かって歩いてくる。花はありますか? ふたりには私の言うことが理解できない。私は〝花束〟のジェスチャーのつもりで、花の茎を手でつかむ真似をしてみせる。ふたりはこのジェスチャーを〝ナイフ〟と解釈し、私の言いたいことを的確に理解する。

ダーウィンはアルゼンチンでおこなわれている人間討伐作戦の残虐性に憤った。が、見聞きしたことをもっと大きな文脈にあてはめて考えるようダーウィンを促したのが、彼の師、チャールズ・ライエルだった。人間は自然の一部であり、自然の中では絶滅も自然なことだ、とライエルは説いた。

われわれ人類は、自らの進歩によって動植物が絶滅することにやましさを覚える必要はない、とライエルは『地質学原理』（「人類によってひき起こされる変化」という章）で述べている。

弁明として、このようなことが言えるだろう――われわれが地球全体を征服し、暴力をもって占領地を守るとしても、それは自然界に存在するほかのあらゆる種と同じことをしているにすぎない。広範囲に広がった種はみな同様に、ほかの種を減少させたり絶滅させたりしているし、侵入してくる動植物と戦って自分の身を守る必要性も生じる。

「動物界であろうと植物界であろうと、いちばんちっぽけな目に見えないような種のくせに地球上に広がったとき……それぞれ何千というものを皆殺しにした」――だとしたら、被造物の支配者であるわれわれが同じことをするのになんの問題があろう？

ダーウィンもライエルも温厚で、インディオに悪意を抱いていたわけではなかった。が、ライエルがこんなにもあっさりと人間のものだと断言した、ほかの種を死に絶えさせる権利は、すでにかなり前から、同じ人間を死に絶えさせるためにも行使されていた。それは突き詰めればやはり、

「すべての野蛮人を根絶やしにせよ」ということだったのだ。

112

絶滅した民族の中でもタスマニア人はとくに有名で、そうした民族の象徴とされることがよくあった。[56]

タスマニアはアイルランドほどの大きさの島で、オーストラリア大陸の南東にある。最初の入植者が到着したのは一八〇三年、囚人二十四人、兵士八人、有志十人強、うち六人が女性だった。翌年、最初の先住民虐殺〝リズドンの虐殺〟が起きた。脱走して匪賊化した囚人たち、いわゆる〝ブッシュレンジャー〟は、カンガルーを狩るも先住民を狩るも自由だった。先住民の女性を手篭めにしたり、先住民の死体を犬に与えたり、生きたまま焼いたりしていた。

キャロッツという名の男は、タスマニア人を殺したのち、その妻に、死んだ夫の頭部を紐でくくって首からかけろと強要したというので有名になった。先住民を人間として扱う必要はない、彼らは〝獣（brutes）〟、〝野獣（brute beasts）〟なのだから、という考えだった。

一八二〇年代に入ると白人の入植が進み、これにともなって先住民の生活の糧が圧迫された。彼らは食べ物に困って白人から盗みをはたらくようになり、白人は先住民をつかまえる罠を仕掛けたり、木の上から狙撃したりした。タスマニア人側はその仕返しに、ほかよりも孤立して暮らしていた開拓者を襲撃した。襲撃の中心人物は捕らえられ、一八二五年に殺人罪で処刑された。

ヴァン・ディーメンズ・ランド会社はカンガルーを死に絶えさせ、およそ二十五万ヘクタールの土地に羊を持ちこんだ。白人の人口は五年ごとに倍増した。現地の新聞はますます声高に、政府は先住民を〝移動させる〟べきだと主張した。そうしなければ先住民は「野獣のように追われ、殺されるだろう」と。

実際にそうなった。一八二七年、開拓者がひとり殺された報復としてタスマニア人が六十人殺された、と『タイムズ』紙が報じた。べつの事件ではタスマニア人七十人が命を落とした。暴力はエスカレートし、白人たちは女性や子どもも洞窟から引っぱり出して〝連中の頭を叩き割る〟ようになった。

一八二九年、政府は不毛な西海岸の一区域に先住民を集める決定を下した。彼らをとらえるために囚人を派遣し、先住民を収容キャンプにひとり連れていくごとに五ポンドの報酬を与えた。生きてキャンプに連行されたタスマニア人がひとりいたとしたら、その裏で九人のタスマニア人が死んだとみられている。〝黒い戦争《ブラック・ウォー》〟はこうして続いた。

一八三〇年には徹底捜索のため兵士が五千人動員され、先住民を南東部の小さな岬に追いやることになった。かかった費用は三万ポンド。兵士たちは四十五メートルの間隔をあけて横一列になり、数週間かけて島を横断した。だが岬に着いてみると、先住民はひとりもつかまっていなかった。あとになってわかったことだが、先住民はもう三百人しか残っていなかったのだ。

G・A・ロビンソンというメソジスト教徒の石工が、タスマニア人を救いたいと考えた。武器を持たずに奥地へ分け入り、殺される寸前まで行ったが、トルカニニという名の先住民の女性に救われた。ロビンソンは彼女とともに、だれにも追いかけられることのない安全なフリンダース島へいっしょに行こう、とタスマニア人二百人に言い聞かせ、説得に成功した。

ダーウィンがタスマニアを訪問したのはこのころだった。彼は一八三六年二月五日の日記にこう書いている。「この悪循環は残念ながら、われわれの同胞の一部が犯した恥ずべき行為が発端であるようだ」

ロビンソンはフリンダース島に市場経済とキリスト教を導入し、自らの保護下に入った先住民を文明化しようとした。ほどなく著しい進歩がみられた。タスマニア人は仕事を始め、洋服を買い、ナイフとフォークで食事をした。夜ごとの騒ぎは聖歌に置き換わった。教義の学習もかなりの勢いで進んでいる。ただし、ひとつだけ問題があった——人々がばたばたと死んでいくのだ。

半年後には半数が死んでいた。残った半数がさらに半減したところで、残った四十五人は島を離れ、タスマニアの中心都市、ホバート・タウン郊外のスラム街に移り住んだ。そこであっという間にアルコール依存症になり、死に絶えた。

ダーウィンの『種の起源』が刊行された一八五九年には、タスマニア人の女性が九人しか残っておらず、みなが出産できる年齢を過ぎていた。最後のタスマニア人男性ウィリアム・ランネは一八六九年に死んだ。彼の頭蓋骨は埋葬の前に早くも盗まれ、埋葬されたあとも死体が墓から掘り起こされて、残りの骨も略奪された。

ロビンソンの命を救ったトルカニニが、最後のタスマニア人となった。彼女はダーウィンの『人間の由来』が出た数年後、一八七六年に亡くなった。彼女の骨はホバートのタスマニア博物館にある。

114

十九世紀の科学者たちはタスマニア人の運命を、当時だれもが知っていたキュヴィエの発見に照らして解釈した。おびただしい数の種がすでに絶滅した中で、タスマニア人は地理的に孤立していたおかげで生き延びた。彼らは〝生きた化石〟、過ぎ去った先史時代の遺物なので、時間の尺度の反対側にいる人々といきなり接触した衝撃に耐えられなかった。彼らが死に絶えたのはただ単に、はるか昔に死に絶えていたはずの世界、その発達段階からして本来属していたはずの世界へ戻ったからだ。

十九世紀の科学者たちはタスマニア人の運命を、ダーウィンの発見に照らして解釈した。中世に広く信じられていた〝被造物の梯子〟、キュヴィエが痛烈に批判した動物界のヒエラルキー、ペティやタイソン、ホワイトが想像をたくましくしてつくりあげた人種のヒエラルキーは、ダーウィンの発見によって歴史的な事実とされた。ヒエラルキー内の〝低い〟形態は、時とともに〝高い〟形態となる。それだけではない。ヒエラルキーの高低が因果関係とも結びつけられるようになった。

劣等生物と高等生物が戦うことで〝より高い〟形態が生まれるとされた。

われわれヨーロッパ人は、タスマニア人の改良され変化した子孫である。よって、ダーウィンの親殺しの理屈にしたがうなら、われわれは親種を絶滅させるよりほかに道はない。この理屈は全世界の〝未開人種〟にあてはまる。みながタスマニア人と同じ運命をたどるのだ。

IV

115

人種主義《レイシズム》の誕生

"Race is everything: literature, science, art, in a word, civilization, depend on it." 人種こそすべてだ——文学、科学、芸術、ひとことでいえば文明が、それにかかっている。

十八世紀の帝国主義への批判は、十九世紀はじめの時点ではまだ残っていて、大量虐殺に反対するのは多くの人にとってごく当然のことだった。

植民地の歴史を綴った大著、『社会的、道徳的、物質的条件からみた世界各地のヨーロッパ植民地（*European colonies in various parts of the world viewed in their social, moral and physical condition*）』（一八三四年）で、ジョン・ハウィソンはこう述べている——

「文明の恩恵であるはずのものが導入された結果、アメリカ大陸の先住民がすでにほぼ全滅している。同じ理由で、西インド諸島の先住民も、もはや一家族すら残っていない。南アフリカもほどなく同じ状況になるだろうし、太平洋の島々でも、ヨーロッパの病や狂信的な宣教師の暴虐によって急速に人口が減少している。
このような大量虐殺はもう終わりにしなければならない。そして、これまでの長く悲しい経験を見るかぎり、われわれが訪問または征服した未開人を、それまでよりも幸せにしたり賢明にしたり改良したりできた例はひとつもないのだから、今後は彼らをそっとしておくべきだろう。その熱心な教育欲を自分たち自身に向け……われわれの強欲を、利己心を、悪癖を抑えることに努めるべきだ」

これは、キリスト教の信仰と、平等を重んじる啓蒙思想、両方に根ざした姿勢だった。だが十九世紀、ヨーロッパが拡大するにつれて、新たな傾向が頭をもたげはじめた。民族虐殺は進歩の副産物であって避けようがない、と考えるようになったのだ。

当時活躍していた人類学者、J・C・プリチャードは、〝未開人種〟を救えないのは当然であると考えた。彼は「人種の絶滅について」という講義（一八三八年）で、われわれはむしろ科学のため、彼らの身体的・精神的な特徴について可能なかぎり情報を集めることに集中するべきだ、と説いた。[57]

先住民は絶滅の危機に瀕している、だから人類学的な研究をおこなうべきだ、とされた。そしてその研究の結果、絶滅は避けられないと断言され、絶滅を引き起こしている側の行動が正当化された。

116

同じ一八三八年、ハーマン・メリヴェールがオックスフォードで「植民地化と植民地」について講義をした。そこで彼は、〝白人は蛮人を絶滅させる運命にある〟というプリチャードの説が、いまや広く浸透しつつあると指摘した。戦争や伝染病だけが絶滅を引き起こすのではなく、なにかもっと深い、もっと秘密めいた理由があるようだ。〝ヨーロッパ人と接触すること自体が、どういうわけか、未開人には命にかかわることらしい〟と考えられている。

メリヴェールはこのような考え方をきっぱりと否定した。説明のつかない死などひとつもない。〝人命の消耗〟の規模はたしかに大きい。だが、これには自然な理由がある。

最大の理由は、未開の地で〝文明〟を代表しているのが〝商人、開拓者、海賊、脱走囚〟であること、つまり批判されず、監督下にも置かれず、どんなことでもできてしまう白人たちである、ということだ。

「アメリカやアフリカ、オーストラリアにおけるヨーロッパ人の拡大の歴史からは、どこでも同じ、共通の特徴が読みとれる――野放しにされた暴力で、先住民が急速かつ徹底的に虐殺される。その暴力をふるうのは個人であったり、ときには植民地の行政機関であったりするが、そのあとに政府が遅まきながら介入して、すでに犯された罪をなんとか埋めあわせようとする」

タスマニア人などの先住民を襲った不幸の原因を調べるため、一八三七年に設立されたイギリス議会の委員会も、同じ結論に達していた。委員会は、ヨーロッパ人がなんの正当性もなく先住民の土地を手に入れ、人口を激減させ、生活様式を破壊したことを認めた。先住民が死に絶えた主な理由は「きわめて深刻な残虐性と不正」であるとした。[58]

この委員会の調査結果がもととなって、一八三八年、先住民の絶滅を防止するための先住民保護協会（The Aborigines Protection Society）が設立された。民族虐殺に対抗するこの組織は、それから十九世紀の終わりまで、徐々に強くなる向かい風の中で仕事を続けた。

117

ここはどこだ？　強制収容所？　第三世界？　周囲に見える裸体はどれも傷だらけでやせ細っている。クリスマスが近い。よく肥えた男が数人、目の粗い頑丈そうな網を張っている。網の向こうには、赤色と金色で塗った巨大な裸の女の彫刻が横たわっていて、アイロンと棍棒、ブーツが飾りについている。あの太った、幸福な女のもとに、私たちは網のせいで行くことができない。

網を張っている男たちは、下卑たジョークを次から次へと繰り出す。もうすぐ私たちに向かって犬をけしかけるつもりらしい。私たちが網をよじ登っているのを見て、すでに死ぬほど笑いころげている。私たちは棍棒やアイロンに手を伸ばすが、届かない。ブーツにすら届かない。

異民族に対する偏見は昔からあった。が、十九世紀半ば、こうした偏見は組織的になり、偽科学によって根拠が与えられた。

アングロサクソン世界での先駆者はロバート・ノックスといった。彼の著作『人間の諸人種――断片（*The Races of Man: A Fragment*）』（一八五〇年）では、人種主義《レイシズム》誕生の瞬間を――人々のあいだに流布している偏見が、ノックス自身も認めている無知を経て、〝科学的な〟確信へと飛躍する瞬間を――見ることができる。

ノックスはパリでキュヴィエに師事して比較解剖学を学んだ。キュヴィエの偉業は、無数の動物種が消滅したのを証明したことだった。だが、絶滅の経緯や理由について、キュヴィエはなにも述べていない、とノックスは言う。

同じように、色の濃い人種が死に絶えていく理由をわれわれは知らない。「彼らを誕生させた法則がわかっていれば、彼らを絶滅させる法則もわかるはずだが、われわれはそれを知らない。すべては不確かな仮説だ」

われわれにわかっていることはただひとつ、色の濃い人種は太古の昔から、より色の薄い人種の奴隷であったということだけだ。これはなぜだろう？「私は、色の濃い人種には概して、身体的に、したがって精神的にも劣っている点があるにちがいない、という考えに傾きつつある」

これは脳の大きさだけでなく、その質も劣っていることが原因なのかもしれず、「おそらく脳が全般的に色濃く、白い部分に繊維質が多いのだろう。だがこの点に関して、私にはごくかぎられた経験しかない」

どれほどかぎられた経験だったかは、ほかの箇所に記されている。ノックスが解剖したことのある有色人種はひといりいだいけだと述べているのだ。この死体は、同様の体格をした白人と比べて、腕や脚の神経が三分の一少なかった、とノックスは主張している。したがって、有色人種と白人の魂や本能や理性にも当然、同様の差があるにちがいない、と彼は述べた。

なにも知らない状態から、ノックスはこのたった一件の解剖事例を経て、次のような主張へと大きく飛躍する——

「人種、べつの言葉で言うなら起源となる血統こそが、すべてであると私は考える。それは人間を決定づける」

「人種こそすべてだ——文学、科学、芸術、ひとことでいえば文明が、それにかかっている」

自分の主張に経験的な根拠が欠けていることを、ノックスがまるで子どものような正直さで打ちあけているさまには、いじらしさすら感じないこともない。色の濃い人種を扱った第六章で、彼はこのように続けている——

「こうして、色の濃い人種の身体的な特徴を手短に検討し、彼らについてわかっていることがたいへん少なく、また人類の身体に関する歴史をはっきりさせるのに必要な事実も欠けていることが示された。そこで……」

そこで?

そう、ノックスはこのように事実が欠けていることを明言したうえで、色の濃い人種は劣等であり絶滅をまぬがれないという、きわめて断定的な主張をあっさりと導き出したのだ。

119

ダーウィンは〝野蛮な人種〟という言葉を使ったが、どの人種を指しているのかをはっきり示したことはなかった。ウォレスなど何人ものほかの著述家は〝劣等人種〟または〝劣等かつ堕落した人種〟と書いた――が、その意味は曖昧そのものだった。

彼らが指していたのは、われわれが現在〝第四世界〟と呼んでいる地域の人々だろうか？　それとも、第三世界全体の人々？　それよりも広い範囲？　すべての人種が白人より下等で堕落している、と多くの人が考えていた時代だ。さらに白人の〝人種〟の中でも、すべての人種がアングロサクソン人よりも下等であるとされていた。そうなると、人類のいったい何割が絶滅する運命にあるのだろう？

ノックスは〝色の濃い人種（dark races）〟という表現を使っている。厳密にはだれのことか？　簡単に答えられる問題ではない、とノックスは言う。

ユダヤ人は色の濃い人種か？　ロマは？　中国人は？　彼らもある程度までは肌の色が濃いと言えるだろう。中央アジア人、アメリカのインディアンやエスキモー、アフリカや東洋やオーストラリアのほぼ全域の住人も同様だ。「サクソン人をはじめとしたヨーロッパ系人種の前には、なんと

ロバート・ノックス、同時代の戯画。イソベル・レイ『ノックス、解剖学者（*Knox, the Anatomist*）』（エディンバラ、一九六四年）より

広大な殲滅の場（field of extermination）が広がっていることか！」

　ノックスが机上であちこちの民族を次々と死なせていくこの文章からは、彼らを絶滅させようという意欲、いや、絶滅させることの喜びが伝わってくる。

　とはいえ、彼が憤りを感じていることがひとつだけあった――偽善だ。イギリスは当時ニュージーランドで、侵略の歴史を見渡してみても格別に厚顔無恥な併合を果たしたばかりだった。ところがそれを、〝先住民を守るため〟だと言っている！　しらじらしい、とノックスは言う。彼らは土地を奪われるが、イギリス人にはならせてもらえない。〝守る〟べき存在なのだから！

　サクソン人は色の濃い人種を守ってはいないし、交流もしていない。占領した国々の土地を、先住民にはいっさい持たせようとしない。少なくともアングロサクソン系のアメリカではそうだ。

「メキシコ人、ペルー人、チリ人の運命も、すでに決まっている。人種の絶滅、確実な絶滅――だれもそれを否定すらしていない」

120

　色の濃い人種を文明化することはできるか？　どう考えても無理だ、とノックスは答える。サクソン人は彼らをけっして容認しないだろうし、和平を結ぶこともないだろう。

「史上もっとも激しい戦争も、ナポレオンが戦った血まみれの戦闘も、アメリカにいるわれわれの同胞と色の濃い人種とのあいだで進行している戦争には遠く及ばない。それは髑髏を旗印にした、容赦のない絶滅戦争だ。どちらかが死ぬしかない」

私はサクソン人を非難しているのではない、とノックスは続ける。批判する権利すらない。人間は動物的な衝動にしたがって行動するものであり、理性を使うことがあるとしたら、それは真の動機をぼやかして隠すためだ。

アメリカ先住民は、ヨーロッパ人が到着したころにはもう、すでに絶滅への道を歩んでいたものと考えられる。「これらの国々はみな同じ運命を迎えるだろう。それが住人の性質に沿ったことであり、なにをもってしても止められるものではない」

南アフリカがいい例だ！　サクソン人の進取の気性が先住民虐殺につながった。「われわれはホッテントットやブッシュマン〔現在はサン人と呼ばれる〕を死に絶えさせたのか？　おそらくそうなのだろう。彼らはほどなく珍奇なものと化す。私の記憶が正しければ、すでにイギリスに一体、パリにも一体、中国人、剥製があるはずだ……つまり、彼らはこの地上からみるみるうちに姿を消している」では、中国人、モンゴル人、タタール人などの運命は？　タスマニア人がどうなったかを見ればいい。アングロサクソン人が彼らをその故郷から一掃したのは周知の事実だろう。「ひとつの人種を落雷のごとく消滅させておきながら、良心の疼きを感じることもなかった」

中国人も同じ運命を覚悟するべきだ。中国はもはや新たな発明や発見をもたらしておらず、完全に停滞しているように見える。中国の芸術は有名だが、あれはもともとほかの人種のものだったにちがいない。中国人はそれを借りただけで、理解しきれてはいないのだろう。

そう、中国人はおそらく衰退の一途をたどっている。彼らにあてがわれた道筋も時期もすでに生き終え、終着駅へと急いでいる、とノックスは言う。そうして彼らがたどり着くのは、キュヴィエが示した過去の世界の哺乳類や鳥類のように、とうの昔に絶滅した生物の残骸だけが残る場所だ。

121

これほどまでに人間の絶滅という考えに耽溺していたこの男は、いったい何者だったのだろう？ノックスはスコットランド人で、南アフリカで軍医となり、その後エディンバラに解剖学の学校を開設した。ダーウィンはまだ学生だった若いころに、彼の物議をかもす講義を聴いた経験がある。[59]当時の解剖学者はみな死体盗掘人から標本を買っていたが、ノックスは適切な死体を確保するためプロの殺し屋を雇っていたという疑いをかけられた。こうして彼の研究者としてのキャリアは断ち切られた。

彼は自分のことを、荒野で呼ばわる者、つまり困難にあっても神の真理を語りつづける人間だと考えていた。自分こそが、自分だけが、大いなる真実、人種の真実を発見した。これを否定できるのは愚か者と偽善者だけだ、と。

『種の起源』はノックスの思想のターニングポイントとなった。ダーウィンは肯定も否定もしなかったが、進化論は当然、人種主義者《レイシスト》にとっては役に立つ思想だったのだ。

ノックスは最終的には許容され、死の直前に民族学協会のメンバーとなった。当時、協会の気風を決めていたのは、〝人種に造詣の深い〟人類学者の新たな一団だった。

一八六三年、ノックスの弟子たちが協会を脱退して人類学協会を新設した。こちらの人種差別性はもっとはっきりしていた。最初の講演のタイトルは「自然界におけるニグロの位置」で、黒人と猿との近縁性が強調された。

ジャマイカで黒人農民の起こした抗議運動が情け容赦なく鎮圧されると、協会は公の会合を開いた。ゴードン・ピム大尉が演説し、先住民を殺すのは博愛主義の原則にかなっている、と述べた。「虐殺には慈悲がある（mercy in a massacre）」と彼は言った。

時代がロバート・ノックスに追いつきはじめていた。

それまで人種は、人間の文化に影響を及ぼすいくつもの要素のひとつにすぎなかった。が、ダーウィン以後、人種こそがなにより決定的な要因であるという考えが広まった。人種主義《レイシズム》は許容され、イギリスの帝国主義イデオロギーを支える主柱となった。[60]

122

ここにいれば大丈夫そうだ。私は前を歩く人たちのあとを追っているだけで、うしろに続く人々がいるのもわかっている。いまは狭い階段を上がっているところだ。手すりは太い縄で、安心感がある。階段は教会の塔の中を、ぐるり、ぐるりと回っている。いや、教会の塔ではなくミナレットだろうか？　螺旋階段は脳のしわの奥へと分け入っていく。どんどん狭くなるが、うしろにたくさん人がいるので、もう向きを変えることはできないし、立ち止まるのすら難しい。下からの圧力で、私はしかたなく上をめざす。いきなり階段が途切れ、壁にダストシュートが現れる。ふたを開けて穴を抜けてみると、そこは塔の外側だ。縄は消えた。あたりは真っ暗だ。私はつるつるに凍った塔の外壁にしがみつく。両足が虚空の中で足場を求めてもがいている。

123

ダーウィン以後は、民族虐殺に肩をすくめるのが賢さのしるしになった。憤るのは無教養を露呈することにほかならない。異論を唱える偏屈な年寄りもいることにはいたが、そういう連中は自然科学の進歩についていけていないものとみなされた。タスマニアはひとつの手本となり、それにしたがう形で、あちこちの地域が次から次へと征服されていった。

ロンドンの地理学協会と人類学協会のメンバーで、パリの地質学協会の通信会員でもあったW・ウィンウッド・リードは、著作『未開のアフリカ（*Savage Africa*）』（一八六四年）の末尾で、黒色人種の未来を予言している。

アフリカはイギリスとフランスのあいだで分割されるだろう、というのがその予言だ。アフリカ人はヨーロッパの指導のもと、湿地に排水溝を、砂漠に水路をつくるだろう。相当な重労働であり、アフリカ人はおそらく絶滅するだろう。「そのような結果を、われわれは冷静に受け止められるようになるべきだ。これは、強者が弱者を根絶やしにするという、情け深い自然の法則の一例なのだ」

後世の人々はわれわれに感謝し、黒人たちを偲ぶだろう。若い女性が椰子の木の下で『最後のニグロ』という本を読み、目に涙を浮かべる日が来るだろう。そして、ニジェール川はライン川のようにロマンチックな川になるのだ。めでたし、めでたし。[61]

124

一八六四年一月十九日、ロンドンの人類学協会が、劣等人種の絶滅に関する討論会を開催した。[62]リチャード・リーが冒頭弁論「人種の絶滅」で、タスマニア人の運命についてあらためて語った。今度はニュージーランドのマオリ人の番で、その人口はほんの数十年で半滅していた。

原因はまだはっきりしていなかった。重要な外的要因として、病気、アルコール、「白人住民と有色人種住民との軋轢」が挙がった。だが、それだけでは、女性の人口が男性よりも速く減っていること、結婚しても子どものできない夫婦が多いことの説明がつかなかった。

原因がなんであれ、ひとつの世界がもっと発展したべつの世界へと場所を明け渡していく場面が、至るところで目撃されている。数年後、地上の様相は一変していることだろう。文明化されたわれわれは、長いあいだ黒人がだれにも邪魔されずに暮らしていた土地を、もっとよい形で利用できる。新たな時代が始まり、人類の企てる事業は何倍にもなるだろう。

ヨーロッパ文明の潮が地上に満ちつつある。道徳的にも知的にもすぐれたアングロサクソン人が、過去の住人たちを一掃する。光が闇を消滅させるのだ、とリチャード・リーは言った。

討論相手となったT・ベンディシェは、劣等人種が死に絶えずに高等人種とともに暮らすことができている多くの例のひとつとして、フィリピンを挙げてみせた。したがって、自然の法則があるわけではないのだ、と彼は説いた。

われわれが先住民から土地を奪い、そうして生活の糧を奪った場所でしか、先住民は死に絶えていない。北米の先住民の中にはたしかにほぼ絶滅した部族もいるが、それでもふたたび大陸を満たせるほどの人口は、まだ残っている——土地さえ取り戻すことができれば。なぜなら人種にかかわらず、人間はマルサスの法則にしたがって繁殖するからだ、とベンディシェは締めくくった。

ダーウィンとともに進化論を唱えたA・R・ウォレスは、人種が劣等であればあるほど、食べていくのにより広い土地が必要になる、と主張した。よりエネルギッシュなヨーロッパ人にいったん土地を奪取されたら、劣等人種が救われる道はただひとつ、すばやく文明化することだけだ。だが、文明を獲得するには時間がかかる。したがって、劣等人種の消滅は時間の問題でしかない。

125

同じ夜、ウォレスは「人種の起源」という題で講演をおこない、絶滅についての彼の考えをもっと詳しく説明した。それは要するに、自然選択の別名である、というのだ。

ほかの大陸に住む精神的に未発達な劣等民族は、ヨーロッパ人と接触すると絶滅が避けられなくなる、とウォレスは述べた。ヨーロッパ人はよりすぐれた身体的、精神的、知的特徴をそなえているため、未開人を犠牲にして繁殖することになる――「もともと活力が旺盛で、生命力や繁殖力の強いヨーロッパの雑草が、北米やオーストラリアに広がり、現地の種を駆逐してしまうのと同じように」

これを読んだダーウィンは、〝雑草〟という言葉に太い下線を引き、自分の考えた例を余白に書きこんだ――〝ネズミ〟だ。

そのあと彼は、『人間の由来』でこう述べた――「ニュージーランド人は、ヨーロッパのネズミによって現地のネズミが滅ぼされてしまったことと、彼らの将来とを比べている[63]」

ヨーロッパの動植物は、アメリカやオーストラリアの気候や土壌にも問題なく適応するが、アメリカやオーストラリアの植物でヨーロッパにも広がったのは、じゃがいもなどほんの数種類しかない。

このように植物界や動物界と比較した結果、ヨーロッパ人のほうが生物学的にすぐれている、ほかの人種は絶滅する運命にあるという思い込みに、まるで根拠があるかのように見えてきた。

だが、この比較によって生じる疑問もないわけではなかった。ヨーロッパ産の植物の中でも、とくに雑草が、植民地ですばやく効率的に広がるのはなぜなのか？　ヨーロッパのネズミがほかのネズミを絶滅させるのは、ヨーロッパのネズミが道徳的にも知的にもすぐれているからなのか？

126

私たち一家は、お向かいのティデリウスさんの家で、クリスマスイブの夕食をごちそうになっている。広い居間に、鏡張りの黒い戸棚や、背もたれの高い重厚なオーク材の椅子が見え、クリスマスの料理を並べたテーブルも置かれているが、高すぎて子どもの私には手が届かない。シャンデリアが輝いている。グラス、フォーク、ナイフ、皿、なにもかもが輝いている。テーブルクロスはぱりっと糊の効いた厚手の白い布だ。そのせいで折り目がなかなか取れず、ティデリウス夫人が身を乗り出して手を伸ばし、折り目を平らにしようとする。そのとき、あわれなキイッという小さな声が響いた——穀物畑で刈り取り機がネズミの巣のありかを暴露したときのような。当時は家の敷地のすぐそばまで畑が広がっていて、私とウッフェは農場の大きな家畜小屋のそばでよく遊んでいた。そこには小屋の番をする猫がいて、ネズミがいるのもごく自然だった。だからキイッという声を聞いて、まっさきにそのことを連想した。ティデリウス夫人が悲鳴をあげる。ティデリウス氏が妻を助けようと駆けつけた。夫人の倍の年齢だが、品があってまだまだ活発な老人だ。毎朝六時、メステル・サミュエル通りの婦人服店に出勤するため、矍鑠《かくしゃく》とした足取りで駅へ向かう。腕のいい仕立て屋だが、農場暮らしのネズミは彼の専門ではない。テーブルクロスの下を見ようと持ち上げてみると、たちまちネズミが折り目に沿って走りだし、テーブルの中央へ向かう途中でグラスをいくつか倒した。これでもう大騒ぎだ。全員が自分のグラスや皿を必死に守りつつ、テーブルクロスを持ち上げて下に敷いてあったすべり止めのフェルトを引き、ネズミを挟み撃ちにしようとした。ネズミは怒りと恐怖でわめきながらテーブルクロスの下を駆けまわり、方向転換するたびに大きくなっているように見えた。……これから私の父がすることは、いまになってみると信じがたい。年老いた父はすっかり温厚な好々爺になった。が、私が子どものころはそうではなかった。いまだに記憶にあるのは、小柄な猫ほどの大きさをした灰色の年寄りネズミが、うちの芝生をのんびり歩いていたときのことだ。そのネズミの呑気な動き方、そこにいる権利が自分にはあるとでも言いたげな態度が、父を激怒させた。父は庭に出るドアを力まかせに開けると、斜面を駆け下り、その途中で板切れを拾い上げてネズミに追いついた。危険に気づくのが遅すぎたネズミは、ちょうど塀を抜けて逃げ切れそうになったところで、その土台に板でたたきつけられて死んだ。あのクリスマスも父は同じように激怒して、台所から大きな斧を取ってくると――当時はまだ、コンロに薪で火を入れていたのだ――頭上にそれを振り上げ、女性陣があげる称賛まじりの悲鳴の中、テーブルクロスのふくらんだところを狙って全力で振り下ろした。刃はダマスク織の布と下のフェルトを貫通し、オーク材の黒いテーブルに深々と食いこんだ。ネズミはまちがいなく死んだだろう、もうテーブルクロスの下を走りまわってはおらず、急に静止した。悲鳴がやむ。全員がぴくりとも動かず、衝撃でいまだ震えながら天井をななめに指している斧の柄を、ただじっと見つめていた。……ネズミの死体をテーブルに載せたままクリスマスの夕食を続けるわけにはいかない。親たちがテーブルの上の料理や食器を片付ける。最後に斧を抜いた。それからテーブルの四隅に立ち、まずテーブルクロスを、それから下敷きのフェルトを持ち上げた。ネズミの姿はなかった。消えてしまったのだ。が、だれも、なにも言わなかった。どこに行ったのだろうとすら言わなかった。ただ全員がたたずんで、黒い天板に白く深々と残った刃の跡を見つめていた。「オーク材のかけらで穴を埋めて、同じ色をつけますよ。そうすればほとんど見えなくなる」木工の教師だった父が言った。ティデリウス家の人たちはおおげさなほど父に感謝した。が、夕食のあいだはずっと重苦しい空気が漂っていたし、私たちは長居しなかった。

127

民族学協会に残った人たちも、劣等人種は破滅の運命を逃れられないと確信していた。一八六六年三月二十七日、フレデリック・ファーラーが「人種の適性」について講演した。彼は人種を三つのグループに分けた。蛮人、半文明人、文明人だ。文明人に属するのはアーリア人とセム人の二種だけ。かつては立派だったがいまは「阻害された発展」に苦しんでいる中国人は、半文明人のカテゴリーに入る。蛮人は昔からずっと変わらない無知と困窮の中で生きている。

「彼らには過去も未来もない。過去に存在した、はるかに気高い人種と同様、彼らもまた急激かつ徹底的な絶滅をまぬがれないだろう。これは、もっとも高い次元で決まっている人類の運命の一環なのかもしれない。

……彼らはあふれかえるほどたくさんいるのに、われわれの人種にとって重要な人物をひとりも輩出していない。もし彼らが明日、なにかの災禍で死に絶えたとしても、身体の残骸以外に生きていた証をひとつも残しはしないだろう。
そして私は彼らを、救いようのない蛮人と呼ぶ……なぜなら、文明は彼らに影響を及ぼすどころか、逆に彼らを破滅へと導くからだ。日差しを浴びた雪が消えていくように、確実かつ明白な形で[64]」

アメリカの先住民がいい例だ。アフリカに暮らす何億もの人々を例にとってみてもいい。ホッテントットのような退廃した部族ではなく、真の純血の〝ニグロ〟を。彼らを文明化できるという希望がどこにある？　黒人の大半は堕落して絶滅する運命なのであり、救い出せるのはほんの少数だろう。

多くの人種がすでに消滅している。こうした人種は——「人類のもっとも劣った種、道徳的にも知的にも、もっとも忌むべき退化の兆候をみせている種」は、絶滅する運命にあるのだ。

「なぜなら、闇、怠惰、野蛮な無知は、知識、勤勉、光の広がるところでは存続できないのだから」

128

具体的にはどのようにして、勤勉と光が人を殺すのだろう？
ダーウィンはこの問いへの答えを知っていた。先住民を虐殺するロサス将軍の部下たちが血と嘔吐物にまみれているのを見ていたし、親指に咬みついて離さないインディオの目を彼らがえぐり取ったことも知っていたし、どのように女性を殺しているかも、どのようにして捕虜の口を割らせているかも知っていた。こうした現象に名前をつけてもいた。〝生存闘争〟だ。

ダーウィンは生存闘争の実態を知っていた。それでもなお、人類は生存闘争を通じて発達し高められるものだと信じていた。ウォレスも同じ信念を抱いていた。劣等人種を絶滅させるのは正しいことだ、なぜならそれによって人種間の差が少しずつ縮まり、最終的に世界はふたたび、ほぼ同質なひとつの人種だけが暮らす場所となって、いまの人類の中でもっとも立派な人と比べても、劣った人間はひとりもいなくなるだろう。ウォレスはそう考えていた。

だが、とウォレスは続ける。奇妙なのは、この目的地へと向かう過程で起きる小さな進歩が、自然選択の結果であるようには見えないことだ。どうやら生存闘争に勝つのは〝もっともすぐれた者〟ではないらしい。知的に、また道徳的に、欠陥があるとは言わないまでもごく平凡な者、端的に言ってしまえば雑草が、人生においてはもっとも成功し、すばやく繁殖しているようなのだ。

129

ウォレスの指摘は痛いところを突いていた。ウィリアム・グレッグが『フレイザーズ・マガジン』誌（一八六八年九月）の記事でこの問題を取りあげ、ダーウィンはこれを読んでコメントしている。[65]

グレッグの不安をなによりかきたてたのは、「人口の中でも精力的で信用に値し、進歩的な構成要素である」中産階級のほうが、(理由は正反対ながら)節度を守る必要性のない上流階級や下層階級よりも、はるかに子どもが少ないという事実だ。

「自然選択の正当かつ健全な法則」が守られていない。したがってわれわれの社会は、かつてのギリシャやローマがそうであったように、過度に文明化されてしまう危険がある。

だが幸い、人種間の関係には自然の法則がまだあてはまっている、とグレッグは続けた。ここではいまもなお、より有能でより強いほうが有利だ。そういう人種が競争に勝って「劣等人種を根絶やしにし、支配し、追放し、退治し、喰らい、仕事を奪い、そうしてこの世界から消滅させる」人種間の戦いこそ、文明社会の活力を保って進歩を可能にする唯一の方法だ、とグレッグは考えた。文明によって自然選択の法則が通用しなくなった結果、われわれの人種が堕落していくのを防ぐには、ほかの人種を絶滅させるよりほかに道はない、と。

130

私は食べ物をデータ化した。電子レンジの扉のスクリーンで料理をつくり、そのレンジで料理を温める。

フロッピーディスクに夕食を入れて帰る途中の地下鉄で、小さくカラフルなニット帽をかぶり、民族衣装のようなものを着ている男に襲われた。そいつがフロッピーを奪っていく。私は男を止めようとして、ベッド脇の椅子を全力で蹴ったところで目が覚めた。歩くとまだ痛む。

131

ダーウィンの従弟にあたるフランシス・ゴールトンが、著書『天才と遺伝』（一八六九年）で議論をさらに進めた。

地質学的な変化の歴史をみると、動物種がつねに新たな生息条件への適応を強いられてきたことがわかる。文明もまた、そういう新たな生息条件であり、人類は文明とともに生きていくことを学ばなければならない。多くがそれに失敗した。たくさんの人種が文明の要求に押しつぶされて死に絶えた。

「恐らく地球のこれまでの歴史に現われた動物の品種のうち、野蛮人の例ほど、かくも宏範な地域にわたり、かくも驚くべき速度を以て絶滅したものはないだろう」

われわれはこれを教訓とすべきだ。なぜなら、文明をつくりだしたわれわれもまた、その文明に屈しつつあるのだから。今日、政治家も哲学者も、職人も労働者も、応えきれない要求を突きつけられている、とゴールトンは述べる。

結論は明らかだ——絶滅した動物種や人種と同じ道を歩むのがいやなら、われわれは遺伝的因子の改良に努め、そうして文明がつくりだした生息条件の中で生き延びる力を高めるしかない。

ゴールトンはそれから十九世紀のあいだずっと、彼のいう遺伝的因子の改良を成し遂げるさまざまな方法を研究しては提案しつづけた。そうして多くの弟子を得た。弟子がいたのはドイツだけではない。スウェーデンのウプサラに設立された国立人種生物学研究所は、一九五〇年代になってもまだ閉鎖されていなかった。

132

たったいま紹介したゴールトンの文章を、ベンジャミン・キッドが一八九〇年代にベストセラーとなった著書『社会の進化（*Social Evolution*）』（一八九四年）で取りあげている。アングロサクソン人は、ほかのどの人種よりも効率的に、発達の遅れた民族を絶滅させてきた。自国の文明に内在する力に駆りたてられて異国をめざし、そこにある自然資源を開発しようとする――そんなアングロサクソン人がもたらす帰結は、どうやら不可避であるようだ。

劣っているほうが服従させられ、ときには絶滅にまで追いやられる人種間の戦いは、遠く離れたどこかの話でもなければ、過去の話でもない。われわれの目の前で起きていることだ。われわれが誇りとし、高潔な理想と結びつけたがるアングロサクソン文明の庇護のもとで、いまなお起きていることなのだ。

競争に負けたくない人種にとっては、ほかの人種の絶滅こそが、けっして譲れない厳然たる条件となる。この条件を人道的な形で満たすことはできるだろうが、根本的に変えることはできない。それは生理学的な原因にあまりにも深く根ざしているからで、その影響からはけっして逃れられないのだ、とキッドは述べた。

133

ウォレス、グレッグ、ゴールトン、キッドに共通していたのは、社会の地形が地図と一致していないという不安だった。繁殖するべきでない人間が繁殖している。選択されるはずの者が選択されていない。そんな中で、彼らは人種間の戦いを見てほっとしたことだろう。ここでは——ようやく！——理論が現実と一致しているように見える。それもそのはず、まさにこの現実こそが、理論の生まれる土台となったのだ。

彼らに共通していたのは、社会の変化に対する不安だった。子どものころに経験した社会とは、すでに似ても似つかないものになっている。われわれが築きあげた社会は、蛮人を打ちのめしたように、いつかわれわれのことも打ちのめすのだろうか？　われわれの人種をひそかに堕落させ、われわれを内側から脅かしているのではないか？　われわれは自然から遠く離れすぎてしまったのではないか？

彼ら全員に共通していたのはまた、民族虐殺の口実をつくってこれを正当化しようとする意志だった。絶滅は避けられない。それは絶滅を引き起こすほうに活力をもたらすようだし、なにか深い、計り知ることのできない原因がある。犠牲者にとってもさほど苦しいものではないはずだ。絶滅に追いやられることを〝苦難《ミザリー》〟とは呼べない、とゴールトンは主張した。むしろ無気力、無関心の問題だ。文明に接したのち、彼らは異性への関心を失い、その結果、子孫が減る。残念なことではあるが、〝苦難〟ではないだろう……

だが、その無気力の原因は？　十九世紀前半、つまりハウィソンやメリヴェールの時代、これらの問いへの答えは明快そのものだったように思える。[66]だが、一八九〇年代になると、その答えは人種主義《レイシズム》の靄の中に消えてしまっていた。

134

私は並ばされ、後ろから射殺されようとしている。銃弾を、痛みを、終わりを待っている。私のほかにも何人かいる。待っているあいだ、私たちは書いている。立ったままで書いているうちに、銃弾が放たれる。

私たちの身体が死体となってすでに冷たくなったころに、二十五クローナの郵便為替がやっと届く。通信欄には〝ご協力への感謝をこめて〟とある。

135

死に絶えゆく人種、民族、国、部族があるというのが、十九世紀の基本的な考え方のひとつであったことは、もう証明できたのではないかと思う。イギリス首相ソールズベリー侯爵が一八九八年五月四日、ロイヤル・アルバート・ホールでおこなった有名な演説で述べた言葉を借りるなら、「世界の国々は、生きつづける国と死にゆく国に大きく分けられる」という考え方だ。[67]

これは恐ろしいほど現実に近い比喩だった。

弱い国々はどんどん弱くなり、強い国々は強くなる、とソールズベリー卿は続けた。「生きつづける国々が死にゆく国々の領土を徐々に獲得していく」のは、ごく当然のことである、と。

彼の言うとおりだった。ヨーロッパ人は十九世紀、北アジア、南北アメリカ、アフリカ、オーストラリアに広大な領土を獲得した。そして〝死にゆく国々〟は土地を奪われたせいで、ほんとうに死にかけていた。

〝ジェノサイド〟という言葉はまだ発明されていなかった。が、現象はすでにあった。クルツはこれを「すべての野蛮人を根絶やしにせよ」と表現した。

ジョゼフ・コンラッドがソールズベリー卿の演説を聴いていたと主張するつもりはない。聴く必要などなかった。『コスモポリス』誌に載ったディルクの記事、『宇宙戦争』、「ヒギンソンの夢」から読みとれたことだけでもじゅうぶんだった。当時の人々がみなそうであったように、コンラッドもまた、彼が生きた世紀の特徴である絶え間ない民族虐殺について、いやでも耳にしていたのだ。

そのことを記憶の奥底に閉じこめてしまったのはわれわれのほうだった。思い出したくない。民族虐殺はナチスとともに始まって終わったのだと思いたい。そう考えるのがいちばん平穏だ。

当時九歳だったアドルフ・ヒトラーが、ロイヤル・アルバート・ホールでソールズベリー卿の演説を聴いていなかったことは、ほぼ確実だろう。だが、聴く必要などなかった。もう知っていたのだから。

ヒトラーが子どもだったころ、帝国主義というのは自然の法則にしたがって劣等人種を必然的に絶滅させる、生物学的にみて必要なプロセスである、という信念が、ヒトラー本人のみならず、西洋人だれもが吸っている空気の中に満ち満ちていた。

そして、その信念は、ヒトラーが独自にそれを応用しはじめる前から、すでに莫大な数の人命を奪っていた。

生存圏、死滅圏

〝das Recht der stärkeren Rasse, die niedere zu vernichten〟——劣等人種を絶滅させるのは強い人種の権利

136

ドイツ人は十九世紀半ばの時点で、どの民族も絶滅させていなかった。したがって、この現象を、ほかのヨーロッパ人よりも批判的な目で見ることができた。

絶滅の危機にある人種についてだれよりも徹底的な調査をしたのは、ドイツ人の人類学者、テオドール・ヴァイツだった。彼は著書『自然民族の人類学（*Anthropologie der Naturvölker*）』（一八五九〜七二年）で、現地に赴いた学者たちが報告している情報を要約し、分析している。

ヴァイツの弟子、ゲオルク・ゲルラントは、『自然民族の絶滅について（*Über das Aussterben der Naturvölker*）』（一八六八年）で、絶滅の問題に焦点を当てた。

ゲルラントは、それまでの論争で考えられる原因とされた要素をすべて取りあげ、ひとつひとつに評価を下している。原始（自然）民族が自身の身体や子どもたちの世話を怠っていること、一部の食品がタブーとなっていること、怠惰や強情、憂鬱などといった性格の傾向、性的放縦、酩酊を

引き起こすものに依存しやすいこと、繁殖力の低下、中絶や子ども殺し、部族間の抗争、食人や人身御供の習慣、多数の死刑、過酷な自然、そして最後に、より高度な文化の影響と、植民地化された土地の民族に対する白人の扱いの影響が検討された。

結論は、白人のもたらした病が絶滅の決定的要因であったことが多い、というものだった。健康な白人であっても、〝瘴気《ミアズマ》〟（今日のわれわれが病原菌とかウィルスとか呼んでいるものを、当時はこう呼んでいた）を持っているため、病を伝染させることがある。

瘴気から遠いところで暮らしている民族ほど、その影響は大きい。ヨーロッパ人はゆっくりと時間をかけて瘴気への抵抗力を身につけてきたが、自然の中で暮らす未開の民族にはこの抵抗力が欠けている。だから死んでしまう。

だが、それ以上に決定的な要因は、白人の敵意に満ちた振る舞いであり、これは人類の歴史の中でもじつに暗澹たる章であるといえよう。〝文化的暴力〟とでも呼べそうなものが、身体的な暴力よりもさらに強い影響を及ぼしている、とゲルラントは述べる。

原始民族の生活様式は、その場所の気候と自然に適応しきっているので、急な変化が命取りになる。たとえその変化がまったくの無害、むしろ有益であるようにすら見えたとしても、だ。共有財産だった土地が私有化されるなどの根本的な変化で、生活様式の土台が奪い去られる。

ヨーロッパ人は強欲のあまり、あるいは無理解のあまり、先住民の思考や感情や信仰の土台をすべて破壊していく。先住民が人生に意味を見いだせなくなると、彼らは死に絶える。

身体的な暴力は、絶滅を招く要因の中でもっとも目に見えやすい。白人の残虐性は、それを発揮している人々が知的に発達しているからこそ、よけいに恐ろしいものだ。暴力をふるうのがごく少数であれば、それはその者たち個人の責任だと言えそうなものだが、実際はそうではない。「残虐行為は、植民地の全住人によってほぼ同じ形でおこなわれてきたし、そうでなくとも承認はされてきた。今日に至ってもなお、暴力がかならずしも咎められるわけではない」

原始民族が絶滅を運命づけられているというのは、自然の法則でもなんでもない。完全に死に絶えた民族はいまのところまだ数えるほどだ。彼らが身体的・精神的に発達できないという証拠はいっさい見つかっていない、とゲルラントは締めくくりに述べている。先住民の自然な権利が尊重されれば、彼らは今後も生きつづけるだろう、と。

ダーウィンはこの本を読み、『人間の由来』（一八七一年）で言及もしている。[68]だが、彼はそれ以上に、『種の起源』（一八五九年）から人間と社会について〝ダーウィン的な〟結論を引き出した、ライエルやウォレス、グレッグ、ゴールトンのほうに影響を受けていた。ダーウィンは自分の説を受け売りしていた男たちに先手を打たれ、彼らの大胆な物言いにだんだん流されていったのだ。

137

世紀が替わるころ、この分野でのドイツの第一人者はフリードリヒ・ラッツェルであった。ラッツェルは『人類地理学』（一八九一年）の第十章を〝文化と接触した低文化民族の衰退〟に割いている。

劣った民族が高度な文化を持った民族と接触して死に絶えるのが、嘆かわしい決まりのようになっている、と彼は述べた。これはほぼすべてのオーストラリア人、ポリネシア人、北アジア人、北アメリカ人、南アフリカや南アメリカの多くの民族にあてはまる。

「個々の人種はその組織の弱さによってのみ滅亡を宣告されているのだという……学説は退けられるべきである」とラッツェルは述べている。

絶滅を引き起こしているのはヨーロッパ人だ。〝すぐれているほうの人種〟は少数派なので、先住民を弱くしなければ支配権を勝ち取れない。そこで先住民を殺し、追い払い、プロレタリア化し、彼らの社会の秩序を破壊する。

白人による政治の基本的な特徴は、強者が弱者に過剰な暴力をふるうことだ。目的は土地を奪うことにある。この現象が史上最大のスケールで起きたのが北アメリカだ。土地を欲しがる白人たちが、先住民の弱体化した、部分的に荒廃した居住地へと侵入している。このような植民は取り決めに反しているが、ラッツェルがこれを書いた当時もなおその規模は大きくなる一方で、これこそが北アメリカ先住民の絶滅を招いている主因のひとつだった。

ここまではラッツェルもゲルラントも同じことを言っている。ドイツの人類学はヴァイツの時代からずっと、このような立場を貫いていた。なぜなら、ドイツには植民地がなかったからだ。

ところが一八九〇年代はじめ、ドイツでも植民地拡大の野望が目覚めだした。ラッツェルは『人類地理学』を刊行したのと同じ年、〈全ドイツ連盟〉の結成にも関与している。ドイツ植民地帝国の建設を主な目的に掲げた極右団体だ。

これによって、劣等人種の絶滅に関するラッツェルの見方に矛盾が出てくるようになる。例の〝嘆かわしいプロセス〟は結局のところ、一種の〝悪魔的な必要性〟に駆りたてられて進んでいるのではないか、とラッツェルは続ける。土地の簒奪や暴力はたしかに、先住民の衰退を招いた主因である。だが、彼らが死に絶える理由がそれだけだと考えるのはあまりにも単純だろう。もっと掘り下げてみれば、ヨーロッパ人による侵略は実のところ、すでにあった悪をさらに強めただけだということがわかる。低文化民族には破壊的な力が内在していて、ほんのちょっとしたきっかけでその引き金が引かれる。したがって、彼らの衰退を引き起こした原因が、より進歩した民族による侵略だけである、などと言うことはできない。

そうではなく、低文化民族の性質は根本的に受け身である。人口減少を招く状況に打ち勝とうとするより、むしろ耐え忍ぼうとする。ヨーロッパ人との接触は、その前からすでに進んでいた絶滅のプロセスを早めているだけだ。文化の程度の低い民族の多くは、そもそも外からの侵略を受けることなく、内在する原因で死に絶えている。

こうしてラッツェルは一周して元の位置に戻ってしまった。はじめに否定していたことを、いまやすんで主張するようになった。この新たな見地のほうが、これから植民地帝国を築きあげようとしている人々にとって、居心地がよかったことはまちがいない。

139

ラッツェルのいう〝低文化民族〟に、ユダヤ人をあてはめるのには無理があった。むしろ逆で、ドイツの文化界ではユダヤ人の地位が高すぎる、という非難が決まり文句だった。

それでもなお、ラッツェルは著書『政治地理学（*Politische Geographie*）』（一八九七年）で、彼に言わせれば絶滅する運命にある民族と、ユダヤ人とを結びつけることに成功している。ユダヤ人とロマ人は、「アフリカの奥地に暮らす矮小な狩猟民族」や「似たような暮らしをしている無数の民族」とともに、「土地を持たない離散民族」のカテゴリーに入れられた。[69]

その一方で、人のいない土地というのはもうなくなってしまっている。いまや砂漠ですら持ち主のいない空白地帯とみなすことはできない。したがって、人口が増えて土地を必要とする民族は、べつの土地を征服し、「もとの住人を殺害し駆逐して、だれも住んでいない場所となったその土地を」手に入れるしかない。

古代ギリシャでもすでに、ペリクレスがアッティカ人入植者のためアイギナ島から住人を追い出している。ローマも似たような植民政策をおこなった。以来、こうした方策の必要性は増す一方だ――人のいない土地が減り、ついにはなくなってしまったのだから。「植民政策はかなり昔から、先住民の駆逐と同義になっている」

アメリカへの入植の歴史をひもといてみれば、もといた土地を追い出され強制移住させられた民族の例がたくさん見つかる。「入植者の文化が先住民のそれよりも高度であればあるほど、このプロセスは簡単になる……」。急激に面積を広げた好例が、アメリカ合衆国だ――一七八三年には百八十万平方キロメートルだったのが、一八〇三年には四百六十万平方キロメートル、一八六七年には九百二十万平方キロメートルまで拡大している。

ヨーロッパはずば抜けて人口密度の高い大陸であり、人口増加のペースももっとも速い。したがって、植民地はヨーロッパにとって不可欠だ。

だが、植民地が海の向こうでなければならないと考えるのはまちがっている。国境線を広げるのもまた一種の入植だ。植民地は近くにあるほうが、遠いところよりも防衛しやすいし、同化も進むだろう。この種の植民地化のもっとも重要な例として、ロシアによるシベリアや中央アジアへの進出が挙げられる、とラッツェルは述べた。

こうして、ストックホルムの王立庭園で左腕を上げ東を指しているカール十二世の銅像よろしく、ラッツェルは政治地理学的な意味で彼が考えるドイツの未来のありかを、はっきりと指し示してみせたのだった。

ヒトラーは一九二四年、ランツベルク刑務所に収容されていたときに『政治地理学』を受け取り、『我が闘争』を書いた。

140

夕食にカエルが出た。生きたカエルだ。緑色のヒキガエルの頭を噛みちぎろうとしたところで目が覚めた。脈拍の感触がまだ手に残っている。

141

では、国際法はどうなっていたのだろう？

イギリス人は昔からずっと、自国領土の拡大を当然の権利とみなしていた。だが、フランスの北アフリカへの拡大と、ロシアの中央アジアへの拡大は、侵略行為だとして非難した。このうえドイツが拡大するとなったら、それは非道の極みというものだろう——この点については、フランスとロシアとイギリスの意見が一致していた。

ロバート・ノックスは、力こそが正義であると結論づけた——

「これを書いているいまこの瞬間にも、ケルト族が北アフリカを、われわれがヒンドゥスターンを手に入れたときと同じ正当性を掲げて征服しようとしている——その正当性とはつまり、力、物理的な暴力だ。真の正義はただひとつ、物理的な力のみである」[70]

イギリス人はフランスの侵略行為に戦慄し、あれは傍若無人な攻撃だと考えている。だがわれわれは、「法律は弱者を縛り、強者によって破られるようにつくられている」ことを忘れている、とノックスは言う。フランスほどの強大な国が、「囲われ閉じこめられた囚人のごとく」、偶然や戦時の運で割り当てられた国境の内側に、ずっととどまっていられると思うか？　当然、無理というものだ。

フランスをひとつの国家として見ただけでもそうなのだ！　もっと高い視座から見て、フランスがひとつの人種を代表していることを思い出せば、フランスの要求はまったく正当なものであるとわかるだろう。「ケルト族は、地球上でその活力、人口、文明、勇敢さに見あった部分を、自身の取り分として受け継がせろと要求しているのだ」

これが一八五〇年のノックスの言い分だった。これと同じ主張が、今度はドイツの東への拡大を正当化するため、ドイツ語で展開されるようになった。

142

アレクサンダー・ティレは、グラスゴーでドイツ語の講師を務めていた時代（一八九〇〜一九〇〇）に、イギリスの帝国主義イデオロギーを知った。そして、ダーウィンやスペンサーの理論をニーチェの超人思想と結びつけることで、このイデオロギーをドイツ化し、新たな〝進化の倫理〟をかたちづくった。

この進化の倫理は国際法上、力こそ正義、を意味していた。劣等人種を駆逐することによって、人類がしているのは、すぐれた構造の植物が劣った植物に対しておこない、より高度に進化した動物が劣った動物に対しておこなうのと同じことにすぎない。「強者の権利を前にすると、あらゆる歴史的な権利は効力を失う」と、ティレは『民衆奉仕（*Volkdienst*）』（一八九三年）で述べている。

自然界の至るところで、すぐれた者が劣った者に勝利している。弱い人種は流血を経ずとも死に絶える。「劣等人種を絶滅させるのは強い人種の権利」なのだ。

「劣等人種が抵抗する力を失えば、もはや存在する権利もない。競争に勝てないのなら、破滅に追いこまれても文句は言えないのだから」[71]

ティレはこの冷酷な〝法〟を、ごく一般的な言葉で表現したので、適用対象をヨーロッパ外の原始民族から、ヨーロッパ内の経済的にあまり成功していない民族へとずらすのはたやすかった。

全ドイツ連盟の機関紙『全ドイツ新聞』は翌一八九四年、ゲルマン人が生きていく条件を満たすには、バルト海東岸からボスポラス海峡まで広がる〝じゅうぶんな空間的余裕〟を手に入れるしかない、と述べた。

したがって、「チェコ人、スロヴェニア人、スロヴァキア人のような価値の低い民族」が生きていけなくなったとしても、いずれにせよ文明の役には立たないのだし、意に介する必要はない。自分の国籍をもつ権利を与えられているのは「高度な文化をもった民族」だけなのだ[72]、と。

143

年上の子たちが攻撃してきて、私は実家の二階にたてこもった。階段でやつらを待ち受けて、欄干の柱や手すりをへし折り、それを武器がわりにして自分の身を守る。ところがこれが軽くてメレンゲみたいに脆く、すぐ割れて粉々になってしまう。私はあっという間に押さえこまれた。

そのとき、両親の寝室の壁紙の模様が壁からはがれ、ざらざらと床に落ちてきた。あの派手で大きな花柄に、とくに愛着があったわけではないが、それでもはがれ落ちてしまったのは恐ろしい。模様というのは、表面についているとはいえ、それでも骨組みのようなものだ。生命の構造そのものが崩壊し、なにもない壁だけが残っている。

144

一九〇四年、ドイツ人は自国領となった南西アフリカで、アメリカ人やイギリス人やその他のヨーロッパ人が十九世紀ずっとふるってきたのと同じ技を、自分たちもしっかり身につけているのだと示してみせた。その技とはつまり、〝低文化民族〟の絶滅を加速させる技だ。

北アメリカの例にならって、ヘレロ人は居留地に追いやられ、彼らの使っていた牧草地はドイツ人入植者や植民地会社に譲渡された。

ヘレロ人が抵抗すると、フォン・トロータ中将は一九〇四年十月、ヘレロ人を殲滅せよとの命令を下した。ドイツ領内で見つかったヘレロ人は、武器を持っていようといなかろうと、ひとり残らず射殺されることになった。

だが、大半は暴力を受けることなく死んだ。ドイツ人はただ単にヘレロ人を砂漠へ追いやり、境界線を封鎖したのだ。

「二か月にわたっておこなわれた厳正なる砂漠地域の封鎖により、絶滅措置は完了した」と、参謀は公の戦記に記した。「死にゆく者たちのあえぎ、狂気のわめき声が……果てしのない壮大な沈黙の中に響きわたっていた」

「罰は下された」

「ヘレロ人はもはや独立した民族ではなくなった」[73]

この結果を参謀は誇らしく思っていた。陸軍は祖国全体の感謝に値する、と書かれている。

やがて雨季に入ると、ドイツ人の偵察隊が、深さ十二〜十六メートルの乾ききった穴のまわりに人骨が散らばっているのを発見した。ヘレロ人が地下水を求めて掘ったものの、無駄に終わった穴だった。ヘレロ人の大半、約八万人が、砂漠で命を落とした。残ったのはほんの数千人で、ドイツの強制収容所でむりやり働かされることとなった。

こうして、一八九六年にスペイン人がキューバで発明し、アメリカ人が英語化してイギリス人がボーア戦争で使った〝強制収容所(concentration camp)〟という言葉が、ドイツの言語と政治にも入りこんだ。[74]

145

ヘレロ人蜂起の原因は「戦闘的で自由を愛するヘレロ人の性質」だ、と参謀は記した。

とはいえ、ヘレロ人はとくに戦闘的ではなかった。指導者サミュエル・マヘレロはそれまでの二十年間、戦争を避けようとしてドイツ人と次々と協定を結び、広大な土地を手放してきた。だが、アメリカの入植者が先住民との協定を無視したのと同様に、ドイツ人も、高等人種が先住民と結んだ取り決めなど守る必要はないと考えた。世紀の替わり目に計画されたドイツ人の入植は、北アメリカへの入植と同様、価値のあるすべての土地から先住民を追い出すことを前提としていた。ヘレロ人の蜂起はしたがって、〝ヘレロ人問題を解決する〟機会として歓迎されたのだ。

〝最終的解決〟という言葉はまだ使われていなかったが、意味しているのはそういうことだった。そして、イギリス人やフランス人やアメリカ人が民族虐殺を正当化するために長らく利用してきた論拠が、ここに至ってドイツ語でも述べられた――

「民族であろうと個人であろうと、価値を創出しない者が存在する権利を主張することはできない」と、パウル・ローアバッハはベストセラーとなった著書『世界におけるドイツ思想（*Der deutsche Gedanke in der Welt*）』（一九一二年）で述べている。ローアバッハが植民地思想を身につけたのは、ドイツ領南西アフリカへのドイツ人移住を管理する立場にあったときのことだ。

「アフリカ南部の黒人部族を存続させることのほうが……ヨーロッパの大国や白色人種の拡大よりも、人類の未来にとっては重要であるなどと、見せかけの慈善事業や人種理論が説いたところで、理性分別のある人なら納得などしないだろう」

「原住民は、高等人種に仕え、高等人種および自身の進歩のために働いて価値を生み出せるようになってはじめて、存在する道徳的な権利を得る」

146

ホテルの屋上テラスから、私はアガデスの広場を見下ろしている。黒人男性が下の広場に現れた。鏡のように光を反射するサングラスをかけ、グレーのコーデュロイのスーツを着ている。あの人には、存在する権利があるのだろうか？

黒いトレンチコートを着たあの人には？　あそこにいる、ズボンに白いサイドラインの入った赤いジャージの上下を着ている人には？　美しければなんでも似合うとよく言われるが、誇り高ければなんでも似合う、のほうが真実だろう。ここにいる人たちはみな王のように振る舞っている。白いシャツを着てマントをはためかせ、鷲の巣のようなターバンを頭に巻いている男たちは、とくに。彼らはよく手をつないで歩いている。なにも持っておらず、持っていたとしても口にくわえた歯ブラシか、脇に携えた剣ぐらいだ。

この人たちの生活様式は絶滅の危機にある。一方から攻めこんでくる砂漠と、他方から進出してきていまや砂漠の縁にまで広がっている農耕民の畑に、遊牧民は挟み撃ちにされている。

旱魃が起きて牧草が消え井戸が涸れると、遊牧民はアガデスにやってくる。旱魃が終わると戻っていく人もいるが、大半はそのまま残る——また砂漠と闘うには疲弊しすぎているのだ。彼らはアガデスの周囲に輪を描くように住みついていて、ラフィアヤシの繊維でつくった小さなドーム型のテントでひしめきあって暮らし、すでに街の人口を三倍に増やしている。

ラクダ市場が彼らの集会場だ。私は砂埃のせいでその日の仕事を続けられなくなると、いつもそこに行く。強い夕風が、人も動物も埃の靄で包みこんでいる。ぼんやりとしたその中で、何重にも布を身にまとった男たちが、互いのラクダを吟味している。

ラクダはどんな変化も気に入らず、大声で嘆きの悲鳴をあげて抗議する。口の中は灰色で悪臭を放ち、舌はまるで楔のように尖っている。竜のようにシャーッと威嚇し、ヘビのように咬みついてぞっとするような咬み痕を残し、それからがくがく震える長い脚でしぶしぶ立ち上がると、大きくなりすぎたサイトハウンドのような風情でそこにたたずむ。腹はふくれているのに腰は細くくびれ、言葉にしようのない軽蔑に満ちた高慢な目で、周囲の世界を見下ろしている。

同じ高慢さが、その主人たちにも見てとれる。昔ながらの生活様式を捨てることなど考えもしない人が多い。それでもやはり、ラクダを互いに売りあうだけでは暮らしていけない。ビルマやテギッダ〔いずれもニジェールの塩の産地〕で自ら採った砂漠の塩を、ラクダの隊列で運ぶだけでは暮らしていけない——ラクダ百頭で運べるよりもたくさんの荷物を、いまやトラック一台で運べるのだから。

トゥアレグ人は、アマゾン川流域やボルネオ島のジャングルに暮らす先住民のように迫害されてはいない。だが、彼らの生活の基盤が、まるで解けていく氷盤のように消失しつつある。べつの氷盤に飛び移れる人はたくさんいる。かつてのラクダ牧場は修理工場やディーゼル用のスタンドになっている。砂漠の知識を活用して運転手になる人もいる。

そうした変化を軽蔑する人、変化に対応できない人もいる。そういう人々の暮らしは、〈オテル・ド・ライル〉の私の部屋の錠に似ている。ネジがひとつを除いて全部なくなっているうえ、さかさまに取り付けてあるので、なにをするにも逆向きにしなければならない。鍵をさかさまに差しこむ。扉を開けるためには鍵をかけ、鍵をかけるために扉を開ける。

147

今夜、屋上のテラスには、ここ七年の休暇すべてをサハラ砂漠で過ごしているというドイツ人教師が座っている。帰らなければならなくなる前にできるかぎり南へ行くのが彼の楽しみ方だ。明日ニアメまでバスで行って、そこから飛行機でドイツに帰るのだという。

ドイツではいま、ネオナチがほぼ毎晩どこかの難民キャンプを襲撃している、と彼のトランジスタラジオが雑音とともに報じる。スウェーデンでも難民収容施設が燃えている。パリではメーデーにジャン＝マリー・ル・ペンが演説するという。

「彼の演説、聞いたことがあるよ」と、ナイジェリアでミシュランに勤めているというフランス人エンジニアが言う。「ファシズムが戻ってくるとしたら、今度はそうと見破られないように、きっと楽しそうな、友好的なふりをして戻ってくるだろうと思っていた。まさか茶色いシャツに黒いレザーを身にまとって現れるとは思わなかった。

頭を剃っているなんて想像もしなかったし、胸に太陽十字を下げて軍用ブーツを履いて拳銃帯を身につけているだろうとも思わなかった。〝国家主義と社会主義〟を掲げるなんて思ってもみなかった」

ところが、まさにそんなわかりやすい姿で、ナチスの遺産を誇らしげに掲げて、ファシズムがひたひたと迫ってきている。指導者がひとこと発するごとに、昔と同じ雄叫びがあがる。昔と同じ、外国人への憎しみ。暴力を厭わない姿勢。傷ついた男性性。

「土壌も昔と同じだよ」とドイツ人が言う。「戦後は失業率が上がるのをだれもが恐れていた。前に上がったときはどうなったか、また上がったらどうなりかねないか、みんな知っていたからね。その意識は二十五年もった。そのあとは忘れ去られた」

なぜかというと、じつに抗いがたいメリットがあるからだ。失業率が五パーセント、十パーセント、十五パーセント、二十パーセントと上がっていけば、雇用主のほうがすばらしく有利になる。労働者はみんなつま先立ちになって、搾り取られるのをいまかいまかと待つようになる。

もちろん、右のほうに過激な連中が現れて、ユダヤ人や黒人が苦しむことになるだろう——だが、それがどうした？　少なくとも、ほかの仕事がいつでも見つかるとわかっている労働者の、あの自信満々で小生意気な態度は見ずにすむではないか！

これは始まりでしかない。ヨーロッパのリオ・グランデ〔米国テキサス州とメキシコの国境となる川〕の向こう、アジアやアフリカに、莫大な数の失業者がいる。いまに見ていろ、彼らは本格的に流れこんでくる、とドイツ人が言う。ベルリンの壁みたいに国境が崩壊して、全部がたったひとつの労働市場になる。そうしたら、だれが選挙に勝つと思う?

148

全ドイツ連盟の〝空間的余裕〟という概念は、世紀の替わり目にフリードリヒ・ラッツェルがそれを〝生存圏〟と名づけたことで、まるで翼を得たように広まった。

ラッツェルは地理学者だが、もともとは動物学者だった。〝生存圏〟という概念で、彼は生命に関する生物学の理論と、空間に関する地理学の理論を組みあわせ、政治的な火種をふんだんに含んだ新しい理論を築きあげた。

休みなく動きつづける生物と、いつまでも変わらない地球上の空間とのあいだには、矛盾があり、それがつねにあらゆるところで闘争を引き起こす、とラッツェルは『生存圏（*Der Lebensraum*）』（一九〇一年、一九〇四年に書籍化）で述べている。

生物がはじめて空間の限界に達したときから、生物は互いに空間をめぐって争いつづけてきた。生存闘争と呼ばれるものはじつのところ、空間をめぐる争いである。現実の〝空間不足〟がどこよりもはっきりと表れるのは、複数の動物が新たに移り住んだ場所でともに暮らしているケースだ。最初に到着した者がもっともよい場所を取り、遅れてきた者は劣悪な場所で満足しなければならない。後者のほうが子どもの死亡率は高く、何百という数の死体が地面に散らばっていることもある。

人間の場合にも同じようなプロセスが起きる、とラッツェルは述べる。当時の読者は、彼がなんの話をしているか察することができた。ドイツはヨーロッパのほかの多くの国々よりも遅れて到着した。列強各国がすでに植民地の分割を終えてしまった世界で、ドイツは劣悪な場所で満足するしかなかった。そのせいで、ベルリンやハンブルクで失業者の子どもたちが死んでいる——読者が導き出すことを期待されていたのは、そういう結論だった。

ラッツェルは若いころに北アメリカへ行ったことがあり、白人と先住民が土地をめぐって争っているところを見ていた。この争いが彼の見方を決定づけ、以来ラッツェルはつねにこれを論拠とするようになった。

恵まれない地域へ追いやられて落ちぶれた何十万もの先住民は、人間、動物、植物、あらゆる面で自分らの大陸がヨーロッパ化されていくのを目の当たりにした。スペイン人は都市に君臨し、農業を営む先住民を支配した。一方、ゲルマン人やフランス人は北アメリカに入植すると、先住民から土地を奪って自ら農業を営んだ。「その結果、絶滅闘争が始まり、勝利した側には土地が、つまり空間が与えられることとなった」

これは、鳥が巣をつくるときのような、〝居住圏〟だけを奪いあう闘いではない。もっと広大な〝自給自足圏〟をめぐる闘いだ。じゅうぶんな自給自足圏を征服し維持するには、ほかの種を追い出すしかなく、追い出された種は空間を失う。結果、追い出されたほうは弱体化して死に絶え、その空間から完全に姿を消すことが多い。

地球上では生存圏となる空間が不足しているので、新たな種の発展に必要な場所を確保するため、古い種が消えていくのは必然ということになる。新たな創造と進歩は、破滅を前提としている。

「その証拠は、文化的な民族の進出によって自然民族が死に絶えていったこれまでの歴史に、数多く見つかる」

古い種が空間を失うことのどこまでが内的な要因（生命力の低下など）のせいで、どこまでが新たな種の勝利と進出のせいなのかという問いには、まだ答えが出ていない。確実なのはただひとつ、種が衰退するときにはかならず、その種がどんどん狭くなる空間に追いやられる現象が起きる、ということだ。

生物の歴史に残された大きな謎のひとつは、最古かつ最大の動物群が第三紀に入るところでいくつも絶滅した事実だ。三畳紀、ジュラ紀、白亜紀を通じて陸や海を支配していた大型爬虫類が、第三紀のはじめに絶滅し、哺乳類や鳥類に取って代わられた。

なぜなのかはわかっていない。だが、われわれの見地からすると、起きたことをそのまま述べるだけで事足りる、とラッツェルは言う。つまり、その空間でひとつの動物群がべつの動物群に取って代わった、というだけのことだ。生物種は絶滅する前にたいてい数を減らすが、数が減ったということはつまり、その種が分布していた空間も縮小されたということだろう。

ラッツェル自身が結論を出す必要はなかった。そんなことをしなくても結論は明白だった——ひとつの民族が、恐竜と同じ運命をたどりたくないのであれば、その民族はつねに生存圏を拡大するしかない。領土拡大こそ、その国と人種の生命力を示す、もっとも確かな、いや、そもそも唯一の真なるしるしなのだ。

ラッツェルの理論は、十九世紀に起きたことをうまく要約していた。ヨーロッパ人が四つの大陸に広がり、イギリス、フランス、ロシアの帝国が成長し、そうした実例の数々が、領土の拡大は不可欠であり、征服する側にとって有益なのだと証明しているように見えた。領土が変わらずに停滞していることは、現代ならＧＤＰが停滞していることと同じぐらい、異常で不吉なこととみなされた。

だが、生存圏という概念が生まれた十九世紀から二十世紀への替わり目にはもう、こうした見方も古くなっていた。空間の広さは、農業国にとっては決定的な要素だが、工業国にとってもっと重要な要素はほかにある。地理的に見れば小国のドイツは十九世紀末、大国アメリカと同じペース、大英帝国よりもはるかに速いペースで経済発展を果たしている。空間の広さよりも技術と教育のほうが、すでに経済の原動力としては重要だったのだ。[75]

結局のところ、生存圏という考え方は過去にとらわれていた。だからこそ大いに成功したのかもしれない。最後に現れた大国に、先行する国々の真似をしろと迫る理論だった。〝一八七〇年の敗戦国〟――当時ドイツではフランスのことをそう呼んでいた――は、そのあとに世界第二の植民地帝国を築きあげた。なぜドイツにそれができない？　ドイツは出遅れてしまったのだ。追いつかなければならない！

そして、当時の人々がなにを基準にそう考えたかというと、それはＧＤＰでも輸出量でも生活水準でもなく（これらの数字はすべて当時のドイツでは右肩上がりだった）、領土、土地、不動産だった。

生存圏という理論は、ドイツが新たな生産手段、つまり工業で得た国力を使って、古い生産手段、つまり土地をもっと獲得することを求めた。工業によって成り上がった大富豪が、昔ながらの貴族をその領地や館から追い出して、自身の力を誇示するようなものだ。

なぜそうするのか？　それを言うなら、なぜボディービルダーは筋肉を大きくしたがるのか？　拡大そのものが目的であって、理由はどれも虚飾でしかなかった。

成長する民族には空間が要る、と人々は考えた。〝自らを養え〟民族は死に絶える運命にある。なぜか？　答えはない。

ヒトラーが農地を獲得するために戦争を起こしたのは、ヨーロッパの国々が農業従事者に金を払って農業をやめてもらおうとするようになる、ほんの二十年ほど前のことだった。

150

アドルフ・ヒトラーが政界に進出したころ、ドイツ拡大の可能性のひとつは閉ざされていた。イギリス海軍が世界の海を支配していて、植民地となる新たな土地を征服しようとする試みを、ことごとく妨げていた。

残るはヨーロッパ大陸だった。ヒトラーは『我が闘争』（一九二五～二七）ですでに、ドイツとイギリスがどのように世界を二分するべきかを説明している。イギリスはすでに西のアメリカへ、南のインドやアフリカへ進出したのだから、ドイツは東へ拡大するべきだ、と。

一九四一年六月のソ連侵攻で、ヒトラーはこの構想を実行に移した。[76]

ドイツのプロパガンダでは、この戦争は反共産主義十字軍である、ということになっていた。これなら共産主義嫌いな西ヨーロッパ人やアメリカ人の共感を得られるだろう、とヒトラーは期待した。

だが、十字軍といえど、なんらかの経済的な理由もなければ実行には至らなかっただろう。

短期的には、ソ連西部の農業地帯を征服して、戦争のただなかにあるドイツの食糧供給を改善したい、というのがヒトラーの考えだった。ソ連で何千万もの人々が餓死することにはなるだろうが、それもまた好都合だ。

長期的には、これらの農業地帯をドイツの生存圏に組み入れるのがヒトラーの目的だった。〝もとの住人を殺害し駆逐して、だれも住んでいない場所となった〟（ラッツェル（二二四頁）を参照）土地は、ドイツの所有となる。スラヴ人の人口は大幅に減少し、彼らもドイツ領南西アフリカのヘレロ人と同様、ドイツ人支配層の使用人、労働者となるだろう。

151

一九四一年九月十七日から十八日にかけての夜、ヒトラーは部下を前にして、ウクライナとヴォルガ川流域がヨーロッパの穀倉庫となる薔薇色の未来を描き出してみせた。ドイツの工業界は安い実用品を売り、引き換えに穀物を手に入れる。「ウクライナ人には、頭巾とかガラス玉とかそういう、植民地の原住民が好きそうなものを持っていってやろう」[77]

これはもちろん冗談だ。が、ヒトラーの東方進出作戦を理解するには、彼が植民地戦争をおこなっているつもりだったということをまず理解する必要がある。そして、植民地戦争には特殊なルールが適用される。そのことは、ドイツ極右が贔屓《ひいき》にしている政治学者、ハインリヒ・フォン・トライチュケが『政治学（*Politik*）』（一八九八年）ですでに断言している——

「国際法は、その原則を野蛮人にまで適用しようとすれば単なる空言となる。ニグロ部族を罰するには村を焼き払うしかない。見せしめがなければなにも成し遂げられないのだ。ドイツ国がそのような状況で国際法を適用するとしたら、それは人道主義でも正義でもなく、単に恥ずべき弱さの表れにすぎない」

トライチュケは、ヨーロッパ各国が昔から採用し、いまヒトラーが東にいる未来の〝植民地の原住民〟に対して採用しているやり方を、ただ言葉にしただけだった。

ドイツは西欧の大国との戦いでは戦時国際法を守っていた。イギリス人やアメリカ人の捕虜のうち、囚われの身で亡くなったのはわずか三・五パーセントだ。

ソ連人の捕虜の場合、五十七パーセントが亡くなった。

殺されたロシア人捕虜の数は合計で三百三十万人、うち二百万人は戦争初期にすでに亡くなっている。死因は飢え、寒さ、病、銃殺、毒ガスの組みあわせだった。アウシュヴィッツのガス室で亡くなった最初の犠牲者は、ロシア人だったのだ。

この虐殺とユダヤ人の虐殺には決定的な差異がある。ユダヤ人でないロシア人のうち、完全に死に絶えるべきとされたのはごく一部のカテゴリーの人々、とりわけ知識人と共産主義者だった。そのほかのロシア人については、数千万人を間引きする計画ではあったものの、残りはドイツの支配のもと奴隷として働くために生きることとされた。ところが、ユダヤ人はまるごと絶滅させられることになった。[78]

この点で、ホロコーストはほかに類をみない現象だった——ただし、それはヨーロッパでの話だ。欧米諸国が世界のほかの地域に進出した歴史に目を向ければ、ひとつの民族をまるごと根絶やしにしようとした例はいくらでも見つかる。

152

私の腹の中に、巨大な血まめができている。腹の中全体が黒ずんだ血でいっぱいだ。

足の爪の下に血が溜まり、爪が黒くなって剥がれ落ちるように、私の身体も黒くなって剥がれ落ちていく。

残ったのは、シャボン玉のように輝く薄い膜の下で、どくどく脈打っている血液だけだ。

あと何秒かだけ、表面張力で形を保っている、巨大な黒い血のしずく——それが、私だ。破裂する前の私。

153

「ナチスによる非道きわまりない行為の多く（とりわけユダヤ人虐殺）は……ナチスの綱領の帝国主義的な部分とは、比較的かかわりが薄かった」と、ウッドラフ・D・スミスは『ナチ帝国主義の思想的起源（*The Ideological Origins of Nazi Imperialism*）』（一九八六年）で述べている。

スミスはこの分野の第一人者だ。が、彼はまちがっていると私は思う。

帝国主義に基づく領土拡大はナチスに、ユダヤ人を根絶やしにする（1）実際の可能性と（2）経済的な理由を与えた。さらに、絶滅政策の（3）理論的な枠組み、つまり生存圏の理論は、帝国主義の伝統に属している。（4）ユダヤ人虐殺の歴史的な範例もまた、同じ伝統に属している――植民地でおこなわれていた民族虐殺だ。

ユダヤ人の大量虐殺が始まったとき、ドイツに残っていたユダヤ人の数はわずか二十五万人だった。残りはドイツから逃げたか、追放されていたのだ。とくにユダヤ人の人口が多かったのは、ポーランド（百八十万人）とロシア（五百万人）だった。ヒトラーはこれらの地域を攻撃し征服したからこそ、彼らを実際に殺害することができた。

征服の最大の目的は、ユダヤ人を殺すことではなかった。西へ進出したアメリカ入植者の主な目的が、先住民を殺すことではなかったのと同じだ。目的は、自身の生存圏を拡大することだった。ロシアのユダヤ人はまさに、ヒトラーが狙った地域に住んでいた。そこでは全人口の十パーセントがユダヤ人で、都市部ではその割合が四十パーセントにも及んでいた。

ナチス信奉者にとって、ユダヤ人虐殺は党の綱領の中核を実現する方法だった。信奉者とまではいかない人々にとっても、ユダヤ人虐殺は食料の消費量を減らし、ドイツ人が将来住めるように場所を空ける便利な方法だった。ドイツの官僚機構は〝脱ユダヤ化(Entjudung)〟という言葉を使った。こうして〝余分な食料消費者〟を処分し、〝人口と食料供給空間のバランスを取る〟のだとされた。

ヒトラーは政治家として活動していたあいだずっと、狂信的ともいえるユダヤ人への憎しみに駆りたてられていた。彼のユダヤ人排斥主義は、千年以上前から続く伝統、何度もユダヤ人殺害や大量虐殺を引き起こした伝統に根ざしている。が、大量虐殺から民族虐殺《ジェノサイド》への一歩が踏み出されたのは、こうしたユダヤ人排斥の伝統が、アメリカやオーストラリア、アフリカ、アジアでヨーロッパが領土を拡大しているあいだに生まれた、民族虐殺の伝統に出会ってからのことだ。

ユダヤ人は、生存圏の理論に照らすと、アフリカの奥地に暮らす矮小な狩猟民族と同様、土地を持たない民族だった。ロシア人やポーランド人よりもさらに劣った人種、生きる権利を主張することもできない人種であるとみなされた。そんな劣等人種が(その名がタスマニア人であろうと、インディオであろうとユダヤ人であろうと)邪魔なところにいるなら、根絶やしにしてやるのは当然のことだ。西洋のほかの支配者民族はみな、いままでそうしてきたのだから。

ナチスはユダヤ人の上着にダビデの星をつけ、彼らを〝居留地〟に押しこめた――アメリカ先住民、ヘレロ人、ブッシュマン、マタベレ人、ありとあらゆる星の子たちが押しこまれてきたのと同じように。そして居留地で食料の供給が断ち切られると、彼らはひとりでに死んでいった。劣等民族が高度な文化をもつ民族と接触して死に絶えてしまうのは悲しいことだが、それが法則というものだ。さっさと死なないのなら、その苦しみを短くしてやるのが慈悲というもの。いずれにせよ死ぬ運命にあるのだから。

154

長らくヨーロッパによる世界支配の土台となっていた絶滅思想を、より近代的かつ工業的な形で実現したのが、アウシュヴィッツだった。

155

あらゆる歴史上のできごとと同様、ナチスによるユダヤ人虐殺もまた、どれほど〝ほかに類をみない〟ものだとしても、歴史の文脈に照らして見る必要がある。

アーノ・J・マイヤーは、物議をかもした著書『なぜ天は暗くならなかったのか。歴史上の〝最終的解決〟（*Why Did the Heavens Not Darken. The »Final Solution« in History*）』（一九八八年）で、三十年戦争の恐怖、三万人の男女と子どもが殺された一六三一年五月二十日のマグデブルクの戦いを振りかえったり、また一〇九六年にまでさかのぼって、マインツに住む無実の人々千百人が十字軍によって殺害された事件に言及したりして、第二次世界大戦中のユダヤ人大量虐殺に相当する歴史的事象を見つけようとした。[79]

ところが、千五百万人の黒人をべつの大陸へ強制的に移住させ、ほぼ同数が殺されたとみられているヨーロッパの奴隷貿易には、いっさい言及していない。十九世紀から二十世紀にかけてのヨーロッパの植民地戦争や懲罰遠征にも、やはり言及していない。マイヤーがそちらの方向にちらりとでも目を向けたなら、明らかに人種差別的な信念に基づいておこなわれたむごたらしい絶滅政策の例が、いくらでも見つかったことだろう。三十年戦争や十字軍の時代までさかのぼる必要などなかったと思うほどに。

私は今回の旅で、サハラ砂漠におけるマインツを二か所も訪れた。片方はザアチャという。一八四九年に全人口がフランス人によって殲滅された。もう片方はラグアット。一八五二年十二月三日の攻撃のあと、残った三分の一の人々、主に女性と子どもたちが虐殺された。たったひとつの井戸から、遺骸が二百五十六体見つかった。動物の死骸はこの数に入っていない。

これが、劣っているとみなした人種との接し方だった。気持ちのいい話題でないことは認識されていた。が、隠さなければならないことではなかった。それがふつうだったから。

とはいえ、論争になることもないわけではなかった。その一例が、中央アフリカ遠征隊がザンデールに向かっているあいだに起きた一連の事件についての論争で、ジョゼフ・コンラッドはこのときちょうど『闇の奥』を執筆中だった。

156

ザンデール行きのバスは七時半に出発する。夜明け、私は手押し車を押している男性を見つけ、ワープロと荷物を運ぶのを手伝ってもらった。

風が強く、寒い朝だ。通りの向かい側の屋台で炎がゆらめき、いくつかのランプが弱々しい光を放っているが、朝日に負けている。

三十分後、運転手がやってきてバスの窓拭きを始めた。バスは大きな白いルノーのトラックを改造したもので、側面に巨大な赤文字で〝SOCIETE NATIONALE DE TRANSPORT NIGERENNE〟（ニジェール運輸公社）と記してある。

ばら売りの煙草やべとつく棒付き飴を売る物売りたちが集まりはじめた。男がひとり、寒さにがたがた震えながら、すでに殻を剥かれて破廉恥なほど素っ裸になった赤いナッツを、トレイに載せて歩きまわっている。その無煙炭のごとく黒い顔を、赤ん坊がかぶるような真っ黄色の毛糸の帽子が縁取っている。

八時半ごろ、目の見えない女たちが歌いながら、物乞いをしながら、いっせいに現れた。全員が子どもに手を引かれていて、生まれたばかりの赤ん坊を背負っている女性も何人かいた。

九時、乗客リストの名前が読みあげられ、ひとりひとりが小さな紙切れを受け取った。その後ふたたび点呼があり、その紙切れを今度は、すでに一昨日注文して支払いも済ませた切符と交換する。男がひとり、樽の上に立って、荷物を運転手に向かって放り投げ、それを運転手がバスの屋根の上に積みこんだ。

そのあと、バス停留所の管理人がやってきてバスに乗りこみ、車内からだとひどく声が聞こえにくいというのに、三度目の、もっとも重要な点呼を始めた。私の名前がどんなふうに発音されるかは予想しにくい。それで私は案の定、自分の名前を聞きのがし、バスの前のほうに予約していた席を失った。いちばん後ろの席しか残っていないという。

まだ引き返せる。まだ降りられる。いちばん後ろの席では、バスの激しい揺れの衝撃にとても耐えられない。そして、砂漠にいったん出てしまったら、もう引き返すすべはない。なにをどうしようと八時間はかかるし、なにがあろうと乗りつづけるしかない。いまだ、いまならまだ降りられる、いまでなければ降りるチャンスはない……

出発の瞬間には、いつも同じ、パニックと幸福感のまじったなにかが生まれる。恋に落ちて足場を失うときのような感覚。これからなにが起こるのだろう？　見当もつかない。ただ、自分がそこに飛びこんだことしかわからない。

157

一八九八年の中央アフリカ遠征隊を率いていたのは、ヴーレ大尉とシャノワーヌ中尉だった。[80]

医師の息子だった三十二歳のポール・ヴーレは、同僚将校たちによれば、「血と残虐行為を真に愛し、それがときおり馬鹿馬鹿しく思えるほどの繊細さと組みあわさった」人物だった。気の弱い人間であり、邪悪な人間ふたり、黒人の愛人とシャノワーヌに支配されていた、というのがのちに語られたことだ。

将軍の息子だったシャルル・シャノワーヌは、衝動的で思いやりのない残酷な人物で、「冷血漢であり、残酷さに快楽を覚える人間だった」といわれている。ヴーレとシャノワーヌは友人どうしで、二年前の一八九六年、現在のブルキナファソにあるワガドゥグーを征服し、村を焼き払い先住民を殺す達人であることを世に示した。新たな遠征を前にして、ヴーレはスーダン総督に、村を焼き討ちにして敵の抵抗を潰すつもりだと誇らしげに語っている。

そのような評判にもかかわらず、いや、その評判のおかげなのか、とにかくこのヴーレという男が、ニジェールとチャド湖のあいだの地域を探検し、当時の言葉を借りれば〝フランスの庇護下〟に置くための遠征隊の長に任命された。

とはいえ、ヴーレへの上からの指示は曖昧きわまりなく、ほぼ皆無に近かった。「どの道を選ぶか、原住民やその族長にどう接するかについて、私からなにか指示を出せるとは考えていない」と、植民地大臣はじつに遠慮深く書いている。

ヴーレはこうして、その悪名高いやり口を駆使して自由にふるまえるようになった。

158

アガデスからザンデールまでの距離は四百五十キロメートル、大きな移動砂丘に埋もれた長さ四百五十キロメートルの洗濯板のようなもので、バスは砂の坂を上がったかと思えば、めまいのしそうな勢いでがくんと落ちる。

運転手は日暮れまでに到着しようと、かなりのスピードを保っている。衝撃で跳びはねる削岩機に座っているような気分だ。この振動で血中の脂肪が攪拌されてバターになってしまってもおかしくない。

その一方で、がくんと落ちる衝撃を背骨ではなく、腿や腕の筋肉で受け止めるため、いつでも腰を上げられるよう身構えていなければならない。ところが五回に一回、十回に一回はタイミングを逃してしまう。運転手がアクセルを緩めたことに気づくのが遅れ、突如、全力で地球の中心に向かって投げ出される。

背骨の椎骨がことごとく、がくんと落ちて、椎間板がすべての衝撃を受け止めるはめになる。最初の数時間は風がかなり強かった。砂埃のせいで昼が白い夜に変わる。ステップやサバンナに砂がざあっと流れこむ。白くなった草は砂に溺れ、灌木は必死になって砂の波に乗る。砂埃の暗がりの中、ところどころに木々がぼんやりと見え、靄のような人影が、あたりを舞う砂に鞭打たれながらなんとか前進している。

砂漠化が進むときには、砂が襲いかかっているように見えるが、実際に命を奪うのは乾燥のほうだ。死んだ植物にはもはや、砂を引きとめる力がない。私たちは何時間ものあいだ、生きている木が百本に一本しかないまばらな森の中を走っていく。白くなった木の幹が、歪んだ骸骨のように地面に散らばっている。

砂漠を走りだして五時間経ったところで、急にまわりが畑になった。耕地の境界線が広がって、砂漠の境界線と一致している。かつて遊牧民が砂漠と畑のあいだに見いだしていた脆い生存圏は、もう存在しない。

この砂漠の端を、一八九八年の中央アフリカ遠征隊は進軍していた。

遠征隊の内訳は、フランス人将校九名、正規軍のセネガル人兵士七十名、通訳および〝仲介人〟三十名。加えて四百人規模の〝補助部隊〟も徴募していた――略奪のチャンスを得るため、フランス人に同行して戦闘に参加するアフリカ人だ。トンブクトゥでは、クロブ中佐が提供したセネガル人九十人も遠征隊に加わった。

ヴーレは大量の武器や弾薬を持参していたが、運搬人に支払う報酬を用意していなかった。ただ単に黒人を八百人つかまえて、彼らに運搬を強制しただけだった。この人々はつかまった場所の暑い気候に合った服装をしていたので、砂漠の夜の寒さにひどく苦しめられた。赤痢が流行し、遠征が始まってから二か月で百四十八人の運搬人が命を落とした。逃げようとする人がいると、シャノワーヌは見せしめとして彼らをひとり残らず射殺させた。

食料は近隣の村々から徴収したが、もちろん支払いはしなかった。遠征隊は運搬人や慰安婦も含めて千六百人、家畜八百頭の規模にまでふくらみ、大量発生したバッタの群れのごとく、それでなくとも飢えと隣りあわせの地域に襲いかかった。司令官ふたりのどちらにも砂漠の経験はなかった。遠征隊は、家畜と人間に一日当たり四十トンの水を供給しなければならず、そのためだけに水飲み場から水飲み場へと移動を繰りかえした。

160

そのころ、ジョゼフ・コンラッドはケント州のペント・ファームで、チッペンデール様式のライティングビューローに向かい、文明と進歩の名のもとにおこなわれる悪行についての物語、クルツの物語を鉛筆で書いていた。

同時期にフランス領スーダンで起きていたことを、彼は知らなかったので、それに影響された可能性はない。

コンラッドが物語をほぼ書き終えた一月二十九日、フランス人将校のひとり、プトー中尉が、〝規律と熱意の欠如〟のため送りかえされてきた。二月五日、プトーはパリにいた婚約者に向けて十五ページにわたる手紙を書き、自分が経験したおぞましいできごとについて語った。

むりやり同行させられた運搬人たちは暴力をふるわれ、赤痢が流行しても医師の治療を受けることを禁じられた、とプトーは書いた。歩けなくなった人々は首を切られた。脱走しようとしたとして十二人の運搬人が射殺され、残りは五人ずつ、首につけた鎖でつながれた。

フランス人たちは新しい運搬人を確保するため偵察隊を送り、この偵察隊が夜明けに村々を包囲しては、逃げようとする人々みなに銃を向けた。兵士たちは命令をきちんと果たした証拠として生首を持ち帰った。ヴーレは周辺の住民を怖がらせて服従させるため、それらの生首を串に刺して見せびらかした。

すでにフランスの〝庇護〟を受けていた村、サンサネ＝ハウサで、ヴーレは女性と子どもたち三十人を殺せという命令を下した——それも、弾薬を節約するため、銃剣で。族長のクルティによれば、犠牲者はもっと多かった。「私はあの人たちになにもしていない」と彼は語った。「あの人たちに求められたものはすべて差し出した。三日で馬六頭と牛三十頭を用意しろと命令された。私は言われたとおりにした。それなのに、あの人たちはつかまえた人間を皆殺しにした。男、女、子ども、合計で百一人だ」

161

プトーの婚約者は震えあがり、彼の手紙を国会議員に送ったので、四月半ばには政府も介入せざるをえなくなった。

スーダン総督は、トンブクトゥにいるクロブ中佐に、ヴーレを探し出して遠征隊長の任を解くよう命令した。

コンラッドの小説で、マーロウがクルツに会うため奥地へ入っていったのと同じように、クロブもヴーレの捜索を開始した。痕跡をたどるのはたやすかった——クロブが近づけば近づくほど、廃墟や死体の数が増え、そのようすもおぞましくなる一方だったのだ。

ヴーレの不興を買った道案内人たちが、生きたまま吊るされているところが発見された。低い位置に吊るされていたので、ハイエナが足を喰らい、身体のほかの部分はハゲタカに委ねられていた。ザンデールの二百キロメートル西、焼き払われたティビリという村の外では、女性十三人の死体が木に吊るされていた。さらにザンデールに近いコラン＝カリヨでは、子ども二人の死体が吊るしてあった。

一八九九年七月十日、クロブはダマンガラという小さな村に到着し、ここから徒歩で数時間進んだところにヴーレがいると知らされた。[81]

162

真夜中、父が電話をかけてきた。私は驚き混乱しつつ、フロントで電話を受けるため、暗闇の中でホテルの中庭を駆け抜けた。受話器を上げると、うつろな雑音しか聞こえない。

当然だ、と私ははっと目を覚まして気づく。父はもう死んだではないか。

暑さがじっとりとした抱擁で私を包みこむ。サハラ砂漠の熱が鞭の一撃のように感じられる。その熱は、太陽のスポットライトが当たっているところにだけ存在する――日陰は涼しく、夜になれば寒い。ここザンデールでは、夏の気温が四十度より低くなることはめったにない。

血管が膨張し、皮膚の下で蛇行する。いまにも破裂しそうなほどに激しく脈打つ。

手足が腫れ、足の裏が痛み、指は小さな棍棒のようになり、皮膚が足りなくなる。

顔がふくらみ、穴だらけになってぱくりと開く。毛穴から急に汗が噴き出して、まるで大粒の雨が皮膚を叩いているようだ。

前腕の内側に火傷しそうな熱を感じて、ふと見ると、腕が腹に触れていた――私は自分自身の身体で火傷しかけている。

肉がどこもかしこも分厚くなり、あふれだし、流れだす。少し動いただけで全身がびしょ濡れだ。まったく動かなくてもびしょ濡れになる。

水を飲みすぎて、身体の塩分バランスがおかしくなった。そこで塩を食べると、今度は喉が渇いてもっと水を飲まずにはいられない。腹がふくれ、身体がたぷたぷと音をたてる。なにも助けにはならない。

翌朝、私はいつものようにフランス文化センターの図書館でクロブの日誌を読んでいる。だが、思考が頭の中で凝結した血のように固まり、午後の始まりがだんだん早くなり、熱いまどろみの中に深く、深く沈んでいく。

夜、ホテルのオーナーのラジオからニュースが流れてくるのを待っていると、その強くなっては弱くなる雑音の中で、海が動いているのが聞こえる。

心地よい冷気に満ちた、ごうごうと轟く宇宙の巨大なうねりが、私の頭上で波打っている。

163

クロブとヴーレの邂逅は、コンラッドの小説――ちなみにこの時点ではすでに書き終えられ、『ブラックウッズ・マガジン』誌に掲載されていた――で語られるマーロウとクルツの邂逅よりも、さらに劇的なものとなった。なにはともあれマーロウは、クルツに帰還を強いる必要がなかった。

クルツは重い病にかかっていて、説得に応じてついてきたのだ。ところが、ヴーレはちがった。

クロブは曹長ひとりと兵士ふたりに、遠征隊長を解任する、ただちに帰国せよ、と端的に伝えるヴーレ宛の手紙を持たせ、彼らを送り出した。ヴーレの返事は、あなたは五十挺しか銃を持っていないが、こちらには六百挺ある、これ以上近づいてきたら発砲する、というものだった。

七月十三日、ヴーレは近隣の村を襲撃した際に部下の兵士がふたり殺されたというので、報復として女性と子どもを百五十人処刑させた。同じ日、彼はふたたびクロブに手紙を書き、これ以上近づくなと警告した。

クロブは、セネガル人兵士もフランス人将校も、彼ら自身より階級の高い白人将校を撃つことはできないだろう、と確信していた。また、遠征隊に貸した兵士九十人も、ヴーレではなく自分のほうに従うだろう、と考えていた。

クロブが知らなかったのは、ヴーレとシャノワーヌがクロブの手紙の内容をほかの白人たちには知らせず、彼らにさまざまな任務を与えて周辺のあちこちへ送り出していたことだ。こうしてふたりは、自分たち個人に忠実な黒人部隊だけを手元に残していた。

フランスの革命記念日である七月十四日、クロブの部隊とヴーレの部隊は真っ向から対峙していた。クロブはどんなことがあっても発砲するなと部下たちに厳命した。それからゆっくりとヴーレに向かって歩きはじめた。ヴーレのほうは部下の兵士たちに、空に向かって二度の一斉射撃を命じた。クロブは声が聞こえる範囲にまで近づくと、そこで立ち止まり、兵士たちに直接話しかけた。

ヴーレは激怒し、部下を拳銃で脅してクロブを銃撃させた。クロブは怪我を負って倒れたが、それでもまだ自分の部下たちに、発砲するなと叫びつづけていた。次の一斉射撃が彼の命を奪った。

164

アフリカの奥地にいたヴーレは当然、発表されたばかりのコンラッドの小説――アフリカ大陸の最奥部で恐怖と魔術を駆使して黒人たちの王となった白人、クルツについての物語を読んではいなかった。

ところが、その日の夜に白人将校たちが戻ってくると、ヴーレはなにが起きたかを彼らに話し、まさにクルツのような解決策を提案した――チャド湖まで進軍して、そこで独自の国を――「水のない砂漠に囲まれた、だれも侵すことのできない強大な帝国」を建設しよう、というのだ。

「私はもはやフランス人ではない、黒人を統べる族長だ」とヴーレは言った。

翌日、黒人の曹長たちが反乱を決意した。通訳がこのことをヴーレに知らせたが、もっと早く知らせなかったことを責められ、ただちに射殺された。ヴーレはシャノワーヌとともに馬上から兵士たちに呼びかけ、同時に発砲した。兵士たちもこれを迎え撃ち、シャノワーヌが殺害された。翌朝、野営地に近づこうとしたヴーレも射殺された。

フランス人将校たちは作戦会議を開き、遠征の続行を決めた。彼らはザンデールに向けて進軍し、町を征服した。

165

ホテルのオーナーは来る日も来る日も中庭に座り、飼っているオウムと話をしている。やさしい猫撫で声で、オウム以外の周囲と接するときのぶっきらぼうな命令口調とは、まるでちがっている。飼い犬二頭も連れてきて、中庭で訓練に励んでいることもある。オウムと犬の中間にいるのが養子となった息子だ。見目のいい黒人少年で、死んだ家政婦の息子だという。

客は私だけだ。

ザンデールの歴史を詳しく調べたところ、一八九九年夏、もっとはるかに大規模なフランスの遠征隊がちょうどサハラ砂漠を抜け、ザンデールに入ろうとしていたことがわかった。

つまり、ほかのフランス人がこの町をわざわざ征服する必要はなかったのだ。

だが、中央アフリカ遠征隊の残党のほうが到着は先だった。ザンデールを征服したとして永遠に褒めたたえられるのはこちらのほうだ。これで自分たちの罪が忘れ去られることを遠征隊の将校たちは期待した。

期待は裏切られなかった。

八月二十三日、クロブが殺害された事実がパリにも知れわたり、公の調査が始まった。彼らは大きな箱三つ分の証言や書類を集めたのち、考えられる理由はひとつしかないと結論づけた——気候だ。ヴーレはアフリカの暑さで正気を失ったにちがいない。

ほかの隊員たちの罪は許され、忘れ去られた。フランスは征服した領土をそのまま保持した。

一八九九年には左派が政権を握ったが、この件をさらに詳しく掘り下げることに関心はなかった。右派はもっと無関心だった。おぞましい真実は調査委員会の書類箱の中に置き去りにされた。[82]

166

それでも当然、やがて事実は漏出した。当時の教養あるフランス人は当然、自国の植民地がどのように征服され管理されているか、だいたい知っていた。いや、わりあい正確に知っていた、と言ってもいいかもしれない。

一九五〇年代から六〇年代にかけて、教養あるフランス人が、ベトナムやアルジェリアで自国の軍隊がなにをしているか、知っていたのと同じように。

一九八〇年代の教養あるロシア人が、アフガニスタンで自国の軍隊がなにをしているか、知っていたのと同じように。同時期の教養ある南アフリカ人やアメリカ人が、モザンビークや中央アメリカで自国の〝補助部隊〟がなにをしているか、知っていたのと同じように。

現代の教養あるヨーロッパ人が、貧しい国々が借金に鞭打たれる中で子どもたちがどんなふうに死んでいるか、知っているのと同じように。

欠けているのは知識ではない。教養ある一般市民は、ほぼどの時代でも、進歩、文明、社会主義、民主主義、市場の名においてどんなおぞましい罪が犯されてきたか、いまもなお犯されているか、ちゃんと知っているものなのだ。

167

その一方で、そういう知識を否定したり隠蔽したりすることが利益につながるのも、やはりどの時代も変わらない事実だ。コンラッドの小説を読んで、あれは普遍的に通用する話ではない、と主張する人がいまだにいる。

ベルギーのレオポルド二世の支配下にあったコンゴの状況は特殊だ、といわれてきた。あの小説を文明世界全体への批判の書とみなすことはできない、なぜならベルギーがコンゴで敷いていた暴政は一度きりの現象であり、当時すでに常識的な人々の大半がこれを非難していたのだから、と。

だが、ちょうどコンラッドがこの小説を書いていたのと同じ時期に、似たような、だが小説以上におぞましい事件が、ニジェール川というべつの川のそばで、同じ闇の奥にあるべつの場所に向かう途中で起きていた。

そう、ベルギー人はけっして特殊ではなかったし、その体制のもとで働いていたスウェーデン人将校たちもけっして特殊ではなかった。マーロウ＝コンラッドはその物語を、ヨーロッパの文化民族のどれに設定してもよかったのだ。ヨーロッパ全体が事実上、「すべての野蛮人を根絶やしにせよ」という行動原則にしたがって動いていたのだから。

もちろんどの国も、公にはそれを否定した。だが、ほんとうのところはだれもが知っていた。

コンラッドの小説の中で、マーロウがあんなふうに物語を語れたのはそのためだ。クルツが犯した罪を数えあげる必要はなかった。描写する必要もなかった。証拠を出す必要もなかった。だれも疑いはしなかったから。

遊覧ヨット、ネリー号で耳を傾けている紳士たちも、『ブラックウッズ・マガジン』誌の保守的な読者たちも、どちらもなにも言わないが、それでもじゅうぶんな知識を持ちあわせているから、この物語を理解できるし、ほのめかしただけの細部も想像で補うことができる――マーロウ＝コンラッドはそういう前提で、なんの心配もなくこの物語を語ることができた。

見えないところにしまいこまれたその知識こそ、この作品の土台となる、なにより基本的な前提だった。

それは、一般的かつ科学的な言葉で表現することのできる知識だった。帝国主義は、自然の法則にしたがって劣等人種が絶滅という避けられない運命を迎える、生物学的に必要なプロセスである。そんなふうに言うことができていた。

だが、それが具体的にどのように進行しているか、絶滅させる側と絶滅する側にいったいなにが起きているのか――それはせいぜい、ほのめかされる程度だった。

そして、闇の奥でおこなわれたことがヨーロッパの中心で繰り返されたとき、だれも見覚えがあるとは言わなかった。だれもが知っていたことを、だれひとり認めようとしなかった。

168

世界のどこであろうと、奥深くにしまいこまれた知識、いったん意識してしまうとそれまでの世界観が崩壊し、自分自身を問い直さなければならなくなる、そんな知識があるとしたら——世界のどこであろうと、そこは『闇の奥』の舞台になる。

169

あなたは知っている。私も知っている。欠けているのは知識ではない。私たちに欠けているのは、知っていることを理解し、結論を導き出す勇気だ。

注釈

インサラーへ

1. 完新世とは、最も新しい地質時代区分であり、最終氷期の終わりから現代までを指す。
2. レインの件は、Naylor, Kim: *Guide to West Africa*, London 1986, p. 193 より。
3. Aubrey, John: *Brief Lives*, (1898) 1949, p. 157（ジョン・オーブリー『名士小伝』橋口稔・小池銈訳、富山房、一九七九年）
4. コンラッド「文明の前哨地点（An Outpost of Progress）」より。
5. Sheehan, B W: *Seeds of Extinction, Jeffersonian Philantrophy and the American Indian*, Chapel Hill 1973. Stanley, S M: *Extinction*, NY 1987（Steven M. Stanley『生物と大絶滅』長谷川善和・清水長訳、東京化学同人、一九九一年）
6. Lewontin, R C, *The New York Review of Books* (NYRB) 一九九〇年六月十四日号。
7. Hodgen, Margaret T: *Early Anthropology in the Sixteenth and Seventeenth Centuries*, Philadelphia 1964, p. 410.
8. Spencer, Herbert: *Social Statics* (1850), p. 416.
9. Hartmann, Eduard von: *Philosophy of the Unconscious*, vol.II, p. 12. Saveson, J E, *Modern Fiction Studies* vol. 16, p. 2, 1970 に引用.
10. *Historikerstreit, Die Dokumentation der Kontroverse um die Einzigartigkeit der nationalsozialistischen Judenvernichtung*, München 1987. Chalk, Frank & Jonassohn, Kurt: *The History and Sociology of Genocide*, New Haven, 1990. Staub, Ervin: *The Roots of Evil, The Origines of Genocide and Other Group Violence*, Cambridge 1989. ここに挙げた著者のだれひとりとして、ヒトラーによる民族虐殺とヨーロッパの帝国主義とのつながりに目をとめてはいない。

が、リチャード・L・ルーベンスタイン（Richard L. Rubenstein）はまさしくそのつながりに目をとめ、論文「*Genocide and Civilisation*」（一九八七年）などを著した。ルーベンスタインの著作や、ヘレン・ファイン（Helen

Fein）の民族虐殺に関する目録、「*Genocide: A Sociological Perspective in Current Sociology* 1990:1」を親切にも紹介してくれたスヴェルケル・セルリーンに感謝したい。

文明の前哨地点

11. Lange, K: Der Terminus »Lebensraum« in Hitlers »Mein Kampf«, *Vierteljahreshefte für Zeitgeschichte*, 13, 1965, p. 426–437.
12. Sanderson, Edgar: *The British Empire in the Nineteenth Century, Its Progress and Expansion at Home and Abroad*, London 1898. Morris, James: *Pax Britannica, The Climax of an Empire*, London 1968, 第1章。Friedberg, Aaron L: *The Weary Titan, Britain and the Experience of Relative Decline 1895–1905*, Princeton 1988（アーロン・L・フリードバーグ『繁栄の限界：1895～1905年の大英帝国』八木甫・菊池理夫訳、コーリウ生活文化研究室、一九八九年）。
13. カイエールという名が、Najderによる伝記『*Joseph Conrad*』にて言及されている。p. 135.
14. *The century Magazine* 一八九七年九月号。
15. Ascherson, Neal: *The King Incorporated*, London 1963.
16. Lagergren, David: *Mission and State in the Congo*, Uppsala 1970.
17. *Regions Beyond* 一八九六年五月号、p. 253f.
18. ディルクの記事はZins, H: *Joseph Conrad and Africa*, Nairobi 1982に言及されている。
19. コートニーの演説は、*Journal of The Royal Statistical Society*, vol LXI:IV: p. 640, 1898より。

クサル・マラブティンへ

20. Lô, C: *Les foggaras du Tidikelt, Traveaux de l' Institut de recherches sahariennes*, Alger 1953, p.139ff, 1954, p. 49ff.

武器の神々

21. Smith, Iain R: *The Emin Pascha Relief Expedition 1886–1890*, Oxford 1972. Hall, Richard: *Stanley*, London 1974. McLynn, Frank: *Stanley, Sorcerers Apprentice*, London 1991.

22. Magnus, Philip: *Kitchener, Portrait of an Imperialist*, London 1958. Royle, Trevor: *The Kitchener Enigma*, London 1985. Warner, Philip: *Kitchener*, London 1985. Holt, P M: *The Mahdist State, 1881–1898, A Study of its Origins, Development and Overthrow*, Oxford 1970.

23. 怪我人を処刑したことについては *Saturday Review* 九月三日号、九月十日号に釈明記事が載った。

24. Parker, Geoffrey: *The Military Revolution. Military Invention and the Rise of the West 1500–1800*, Cambridge 1988（ジェフリ・パーカー『長篠合戦の世界史——ヨーロッパ軍事革命の衝撃 1500～1800年』大久保桂子訳、同文舘出版、一九九五年）。

25. Headrick, Daniel R: *The Tools of Empire. Technology and European Imperialism in the Nineteenth Century*, Oxford 1981（ダニエル・R・ヘッドリク『帝国の手先——ヨーロッパ膨張と技術』原田勝正・老川慶喜・多田博一訳、日本経済評論社、一九八九年）. Broadfoot, W: The Lee-Metford Rifle, *Blackwood's Magazine*, 一八九八年六月号。

26. Reuss, Martin: The Disgrace and Fall of Carl Peters, *Central European History* XIV: p. 110ff (1981). *Times*, 一八九七年四月二十六～二十七日。ドイツのほかの例については、Decle, Lionel: *Three Years in Savage Africa*, London 1900 も参照。

27. Tordoff, William: *Ashanti Under the Prempehs 1888–1935*. London 1965. Freeman, Richard Austin: *Travels and Life in Ashanti and Jaman*, Westminster 1898.

28. Rosenthal, Michael: *The Character Factory*, London 1986. Jeal, Tim: *The Boy-man, The life of Lord Baden-Powell*, NY 1990. Baden-Powell, R S S: *The Downfall of Prempeh*, London 1896.

29. Igbafe, Philip A: *Benin Under British Administration*, Longman 1979. Luschan, Felix von: *Die Altertümer von Benin, Veröffentlichungen aus dem Museum für Völkerkunde*, Berlin & Leipzig 1919. Bacon, R H: *Benin, The City of Blood*, London 1898. Mahood, MM: *The Colonial Encounter*, London 1977.

30. Baden-Powell, R S S: *The Matabele Campaign*, London (1897) 1901, p. 63.

31. Ranger, T O: *Revolt in Southern Rhodesia 1896–97, A Study in African Resistance*, London 1967, p.121.

32. Bates, Darrel: *The Fashoda Incident*, Oxford 1984.

33. Page, Norman: *A Kipling Companion*, London 1984. Carrington, Charles: *Rudyard Kipling*, London 1955.

タムへ

34. Delblanco, Nicholas: *Group Portrait, A Biographical Study of Writers in Community*, New York 1984. Finlayson, Iain: *Writers in Romney Marsh*, London 1986. Seymour, Miranda: *Henry James and His Literary Circle 1895–1915*, 第五章.

友人たち

35. *Chambers's Journal*, 一八九三年九月三十日。Bergonzi, Bernard: *The Early H G Wells*, Manchester 1961. ウェルズとコンラッドの作品についての概論, *Journal of Modern Literature* 1986, p. 37ff.

36. Graham, R. B. Cunningham: *Mogreb-Cl Acksa*, 1898 p. 25, p. 43f.

37. 「ヒギンソンの夢」*Saturday Review* 一八九八年十月一日。Watts, Cedric: *Cunninghame Graham, A Critical Biography*, Cambridge 1979.

キュヴィエの発見

38. *Mémoires de l' Institut national des sciences et des arts, Sciences mathématiques et physiques*, 第二巻, Paris 1799. Cuvier, Georges: *Discours sur les révolutions de la surface du globe*, (1812) 1985. Outram, Dorinda: *Georges Cuvier*, Manchester 1984.

39. Stanley 1987, p. 2 など. Simpson, George G: *Fossils and the History of Life*, NY 1983, 第一章と第五章.

40. Cuvier 1985, まえがきとあとがき。

41. Coleman, William: *Georges Cuvier, Zoologist*, Harvard 1964, pp. 143–165.

42. Hodgen 1964, p. 408ff, p. 418ff.

43. White, Charles: *An Account of the Regular Graduations in Man*, 1799, p. 135.

44. Nordenskiöld, Erik: *Biologins historia*, II: p. 45ff.

45. Darwin, Ch.: *The Voyage of the Beagle*（チャールズ・ダーウィン『ビーグル号航海記』）一八三四年一月九日〜四月十三日

46. Bölsche, W: *Ernst Haeckel.* Leipzig 1900.
47. Coleman 1964, p. 174ff.
48. Darwin, Charles: *Arternas uppkomst*（チャールズ・ダーウィン『種の起源』）第十章。
49. ライエルへの手紙は、*Journal of the History of Biology* 10: 19 (1977) に引用。Stocking, George W: *Race, Culture and Evolution, Essays in the History of Anthropology*, NY 1968, p. 113ff.

アガデスへ

50. Crosby, Alfred W: *Ecological Imperialism, The Biological Expansion of Europe 900–1900*, Cambridge 1986（アルフレッド・W・クロスビー『ヨーロッパの帝国主義――生態学的視点から歴史を見る』佐々木昭夫訳、筑摩書房、二〇一七年）第四章。
51. Crosby, Alfred W: *The Columbian Exchange, Biological and Cultural Consequences of 1492*. Borah, Woodrow: *New Spains Century of Depression*, Berkeley 1951. Thornton, Russell: *American Indian Holocaust and Survival, A Population History Since 1492*, Norman 1987. Mörner Magnus, *Latinamerikas historia*, Stockholm 1969. Hanke, Lewis: *Aristotle and the American Indian, A Study in Race Prejudice in the Modern World*, London 1959（ルイス・ハンケ『アリストテレスとアメリカ・インディアン』佐々木昭夫訳、岩波書店、一九七四年）。
52. Smith, Adam: *The Wealth of Nations*, 1776（アダム・スミス『国富論』）第八章。
53. Curtin, Philip D: *The Image of Africa, British Ideas and Action 1780–1850*, Wisconsin 1964, p. 363ff, p. 373.
54. Darwin, *The Voyage of the Beagle*, 第五章末尾。
55. Scobie, James R: *Argentina, A City and a Nation*, 1964, 第一章。
56. Bonwick, James: *The Last of the Tasmanians*, London (1870) 1970. Travers, Robert: *The Tasmanians, The Story of a Doomed Race*, Melbourne 1968. Stocking, George W: *Victorian Anthropology*, 1987, p. 274ff.

人種主義《レイシズム》の誕生

57. プリチャードの講義は、*Edinburgh new philosophical journal* 28: p. 166–170, 1839 より。
58. Coates, D et al.: *Evidence on Aborigines*, London 1837.
59. Desmond, Adrian & Moore, James: *Darwin*. London 1991, p. 26（エイドリアン・デズモンド、ジェイムズ・ムーア『ダーウィン：1809-1851：世界を変えたナチュラリストの生涯 1』渡辺政隆訳、工作舎、一九九九年）
60. Curtin 1964, p. 377ff, p. 364:「やがて新たな人種主義は、英国の帝国主義理論においてもっとも重要な思想群となるのだった……」
61. リードは Zins 1982, p. 186 にも引用されている。
62. *Journal of the Anthropological Society of London*, 1864, clxv. *Natural Selection and Tropical Nature*, 1878.
63. Greene, John C: Darwin as a Social Evolutionist, *Journal of the History of Biology*, 10 (1977).
64. *Transactions of the Ethnological Society of London*, 1867:120.
65. Greene, 1977.
66. ハウィソンとメリヴェールについては 115 と 116 を参照。
67. Grenville, J A S: *Lord Salisbury and Foreign Policy, The Close of the Nineteenth Century*, 1964, p. 165f.

生存圏、死滅圏

68. Darwin, *The Descent of Man*（チャールズ・ダーウィン『人間の由来』）第七章。Smith, Woodruff D: *Politics and the Sciences of Culture in Germany 1840–1920* (1991) は、私自身の仕事が完了したのちに入手可能になった。
69. Ratzel, Friedrich: *Polilische Geographie*, 1897. p. 35, p. 119, p.121.
70. Knox, Robert: *The Roces of Mankind: A Fragment*, 1850. p. 149, p. 198.
71. *Volksdienst* 1893, p. 21f.
72. 『全ドイツ新聞（*Alldeutsche Blätter*）』は Lange 1965 からの引用。
73. *Die Kämpfe der deutschen Truppen in Südwestafrika. Auf Grund amtlichen Materials bearbeitet von der kriegsgeschichtlichen*

Abteilung I des grossen Generalstabes. Erster Band. Der Feldzug gegen die Hereros. Berlin 1906. まえがきおよび Graf Schweinitz 中尉の報告書からの引用 . Schwabe, K: *Der Krieg in Deutsch Südwestafrika 1904–1906*, Berlin 1907. Smith, Woodruff D: *The German Colonial Empire*, Chapel Hill 1978. Bley, Helmut: *Kolonialherrschaft und sozialstruktur in Deutsch-Südwestafrika 1894–1914*. Hamburg 1968.「人間を扱うこの方法が母国に遡及した」(p. 314).

74. Kaminski, Andrzej J: *Konzentrationslager 1896 bis heute*, München 1990, 第二章。

75. Kennedy, Paul: *The Rise and Fall of the Great Powers*,（ポール・ケネディ『大国の興亡――1500年から2000年までの経済の変遷と軍事闘争』鈴木主税訳、草思社、一九八八年）第五～六章。

76. Jäckel, Eberhardt: *Hitlers Weltanschaung*, Tübingen 1969. Rürup, Reinhard: *Der Krieg gegen die Sowjetunion 1941–1945*, Berlin 1991. Müller, R-D: *Hitlers Ostkrieg und die deutsche Siedlungspolitik*, Frankfrut /M 1991.

77. Jochmann, Werner (ed.): *Monologe im Führerhauptquartier 1941–1944*, Hamburg 1980, p. 58f.

78. Ueberschär, Gerd R et al. (ed.): *Der deutsche Überfall auf die Sowjetunion*, Frankfurt /M 1991. Aly, Götz & Heim, Susanne: *Vordenker der Vernichtung*, Hamburg 1991, p. 115ff, p. 123. Eberhard Jäckel & Jürgen Rohwer (eds.): *Der Mord an den Juden im Zweiten Weltkrieg* (Frankfurt /M 1987), とくに p. 164ff.

ザンデールへ

79. マイヤーの引用はプロローグより。

80. Rolland, J-F: *Le grand capitaine*, Paris 1976. Porch, Douglas: *The Conquest of the Sahara*, Oxford 1984. Kanya-Forstner, A S: *The Conquest of the Western Sudan, A Study in French Military Imperialism*, Cambridge 1969. Mathieu, M: *La Mission Afrique Centrale*, 博士論文の複写 , Université de Toulouse-Mirail, 1975, p. 40, p. 102, p. 151. *Documents pour servir à l'histoire de l'Afrique Occidentale Francaise de 1895 à 1899*. Paris 出版年不明（シャノワーヌが父に宛てた手紙）。Jolland, general: *Le drame de Dankori*, Paris 1930. Vigné d'Octon, P: *La gloire du sabre*, Paris (1900) 1984. 代議院での討論、一九〇〇年六月二十一日、十一月二十三日、十一月三十日、十二月七日。

81. Klobb: *Dernier carnet de route*, Paris 1904.

82. 書類の入った箱はいま、エクス゠アン゠プロヴァンスの国立海外文書館にある。

全般

Watt, Ian: *Conrad in the Nineteenth Century*, London 1980. Brantlinger, Patrick: *Rule of Darkness*, Ithaca 1988.

訳者付記

文中に引用されている著作のうち、邦訳のあるものについてはこれを参考にした。引用した邦訳は次のとおり。

ジョウゼフ・コンラッド『コンラッド短篇集』井上義夫編訳、筑摩書房、二〇一〇年
ジョゼフ・コンラッド『闇の奥』黒原敏行訳、光文社、二〇〇九年
W・チャーチル『わが半生』中村祐吉訳、角川文庫、一九六五年（漢字を現代のものに改めている）
J・コンラッド『文化果つるところ』本多顕彰訳、早川書房、一九五三年（漢字を現代のものに改めている）
H・G・ウェルズ『タイムマシン』池央耿訳、光文社古典新訳文庫、二〇一二年（ただし66章の「野蛮人どもを殺す」の引用を除く）
H・G・ウェルズ『モロー博士の島』中村融訳、創元SF文庫、一九九六年
H・G・ウェルズ『透明人間』橋本槇矩訳、岩波文庫、一九九二年
H・G・ウェルズ『宇宙戦争』小田麻紀訳、角川文庫、二〇一六年
バルザック『あら皮（欲望の哲学）』（「人間喜劇」セレクション第10巻）小倉孝誠訳、藤原書店、二〇〇〇年
チャールズ・R・ダーウィン『新訳ビーグル号航海記』荒俣宏訳、平凡社、二〇一三年
チャールズ・ダーウィン『種の起源』渡辺政隆訳、光文社、二〇〇九年
チャールズ・ダーウィン『人間の由来』長谷川眞理子訳、講談社学術文庫、二〇〇六年
アダム・スミス『国富論』高哲男訳、講談社学術文庫、二〇二〇年
ライエル『地質学原理』河内洋佑訳、朝倉書店、二〇〇六年

ゴールトン『天才と遺伝』甘粕石介訳、岩波書店、一九三五年
フリードリッヒ・ラッツェル『人類地理学』由比濱省吾訳、古今書院、二〇〇六年

訳者あとがき

本書は、スヴェン・リンドクヴィスト（一九三二〜二〇一九）が一九九二年に刊行した『*Utrota varenda jävel*』の翻訳である。タイトルはジョゼフ・コンラッド『闇の奥』の一文、「すべての野蛮人を根絶やしにせよ（Exterminate all the brutes）」だ。

スヴェン・リンドクヴィストは一九三二年ストックホルム生まれ。五〇年代半ばから作家、ジャーナリスト、評論家として活動を始めた。六一年から六二年まで北京に滞在し、六六年にはストックホルム大学で文学史の博士号を取得。毛沢東時代の中国を報じたルポ『内側から見た中国（*Kina inifrån*）』（当時の妻で中国学者のセシリア・リンドクヴィストとの共著、六三年）が西欧の大手新聞各紙に掲載され、国外でも注目を集める。七八年の『いまいるところを掘りかえせ（*Gräv där du står*）』では、労働者の見地から歴史を見直すことを提唱し、ひとつの文化的な潮流をつくりあげた。八〇年代以降は植民地主義やレイシズム、戦争などのテーマを主に扱い、本書『「すべての野蛮人を根絶やしにせよ」』はこれまで十五か国語に翻訳された。二〇一九年に没するまでに、共著も含め計三十五作を発表している。

リンドクヴィストは、文学史、歴史、ジャーナリズム、評論、旅行記、自伝、詩など、いくつものジャンルを横断する独自のスタイルを築き、アニアーラ賞、シェルグレン賞などスウェーデンの権威ある文学賞に加えて、スウェーデン・アカデミーのエッセイ賞、すぐれた報道を表彰するジャーナリスト大賞も受けている。さまざまな作家が三人称で自身について語った本（Bo Heurling 編『*Författaren själv*』）で、彼は自身の著作活動をこんなふうに紹介した。「〝学際的科学〟という概念がある。〝学際的文学〟という概念もあっていいはずだ。リンドクヴィストの最良の著作――『呉道玄の神話（*Myten om Wu Tao-tzu*）』（一九六七年）と、サハラ三部作『ベンチプレス（*Bänkpress*）』（一九八八年）『砂漠に潜る者たち（*Ökendykarna*）』（一九九〇年）『「すべての野蛮人を根絶やしにせよ」』（一九九二年）――はどれも、ジャンルを特定することができない。芸術と政治、牧歌的な風景とホロコーストのあいだを自由に行き来する。自伝と旅行記を、文学分析と社会批判を、思想史と夢や詩をまぜあわせている」

右に言及されている〝サハラ三部作〟についても簡単に触れておこう。『ベンチプレス』は、五十代を迎えたリンドクヴィストがひょんなきっかけで筋力トレーニングに励むようになった顛末を描きつつ、ボディービルの歴史や男性性について論じた作品だ。体を動かしはじめたことで鮮やかな白昼夢を見るようになり、長いあいだ忘れていた記憶が次々とよみがえる。たとえば、少年時代にサハラ砂漠に憧れていたことなどだ。腰が悪いせいで砂漠での車の揺れに耐えられないだろうと思っていたが、体を鍛えればなんとかなるのではないか、と彼は考えはじめる。

『砂漠に潜る者たち』で、リンドクヴィストは実際にサハラ砂漠へ旅立つ。サン＝テグジュペリやピエール・ロティなど、砂漠に魅せられた作家たちの足跡をたどり、そこから垣間見える植民地主義、帝国主義を探っていく。

そして、サハラ三部作の第三部となるのが本書だ。リンドクヴィストは旅を続けながら、「ヨーロッパの思想の核」、『闇の奥』の一文についての研究を深める。

彼がこの本を書いていた一九九一年、スウェーデンでは肌や髪の色の濃い人を狙った連続銃撃事件や、ネオナチによる難民収容施設の襲撃事件が起きていた。『砂漠に潜る者たち』を書き終えた時点では、次の本はもっと個人的な、夢や記憶を掘り下げたものにしようと考えていたが、このような社会情勢を受けて計画を変更したという。

折しもソ連が崩壊し、共産主義の犯した罪が議論されていたころだ。多くの人が、民主的な西欧や米国を、共産主義やナチズムによる虐殺の対極に位置づけていた。ところが本書は、まさにその西欧や米国の植民地主義こそが民族虐殺の手本だったのだ、と論じた。

コンラッドの『闇の奥』は近年、植民地主義をあらためて省みる風潮の世界的な高まりとともに、ふたたび注目を集めている。三十年前にリンドクヴィストが展開した論は、むしろいまこそ人々の意識に響くのではないだろうか。

私自身はこの本を、フランスに滞在中だった二〇〇二年に書店で偶然見かけた。夢中になって読み、パリを訪れたリンドクヴィストの講演会にも足を運んだ。当時はスウェーデン語の翻訳をすることになるとは思っていなかったが、この本はまちがいなく、私をスウェーデン文学の世界に引きこむきっかけとなった作品のひとつだった。
このような重要な作品を翻訳する機会をくださった青土社の方々に、心から感謝したい。

二〇二三年一月

ヘレンハルメ美穂

［著者］**スヴェン・リンドクヴィスト**（Sven Lindqvist）

スウェーデンのノンフィクション作家。1932 年ストックホルム生まれ。著書にアボリジニとウラン鉱山を描いた *Terra Nullius*（2005）、空爆の歴史を描いた *Nu dog du: Bombernas århundrade*（おまえはいま死んだ——爆弾の世紀、1999）など多数。2019 年没。

［訳者］**ヘレンハルメ美穂**（へれんはるめ・みほ）

翻訳家。スウェーデン在住。翻訳書にスティーグ・ラーソン『ミレニアム』シリーズ、ニクラス・ナット・オ・ダーグ『１７９３』シリーズ、ベア・ウースマ『北極探検隊の謎を追って』など多数。

「すべての野蛮人を根絶やしにせよ」
『闇の奥』とヨーロッパの大量虐殺

2023年 2月10日 第1刷印刷
2023年 2月24日 第1刷発行

著者――スヴェン・リンドクヴィスト
訳者――ヘレンハルメ美穂

発行者――清水一人
発行所――青土社

〒101-0051 東京都千代田区神田神保町1-29 市瀬ビル
［電話］03-3291-9831（編集） 03-3294-7829（営業）
［振替］00190-7-192955

組版――フレックスアート
印刷・製本――ディグ

装幀――大倉真一郎

ISBN978-4-7917-7532-3
Printed in Japan